KB090726

1주일 만에 악필을 명필로

연필로 쓰는 한글 악필교정 기억법

한국두뇌개발교육원 · 한국기억술연구원 손 동 조 지음

BM (주)도서출판 성안당

아름다운 손글씨 캘리그라피(Calligraphy)란?

Calli의 뜻은 미(美), 아름다운 뜻으로 글자를 멋있게 잘 쓰며 통달한 사람, 즉 명필을 말하는 것이다.

손으로 그린 숫자나 그린 문자라는 뜻으로 일반적으로 화풍 · 서풍 · 능필 · 달필 등으로 글씨를 썩 잘 쓰는 것을 말한다.

아름다운 서법 또는 서체란 뜻을 지닌 그리스어로 kalligraphia에서 유래한 전문적인 핸드 레터링(hand lettering)의 기술이다.

핸드 레터링(hand lettering)의 뜻은 숫자나 문자를 도면 등에 기재하는 것으로 우리나라에서는 일반적으로 아름다운 손글씨를 뜻하기도 한다.

기계적인 표현보다 손으로 아름답고 개성 있게 쓴 글자체를 일컫는 말이다.

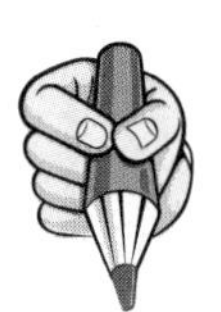

※이 교재는 저자가 직접 연필로 쓴 필체이므로 선 긋기부터 글쓰기까지 연습하는 과정입니다.
초등생이나 초보자는 연필로 쓰는 연습을 하고 난 후 그 위로 다시 한 번 플러스 펜으로 연습하면 효율적입니다.
중고등학생 및 일반인은 선 긋기부터 연필이나 플러스펜으로 직접 써서 연습할 수 있습니다.

집중력 두뇌개발을 위하여 연필로 쓰기

'신언서판(身言書判)이라는 옛말이 있습니다.
시험에서 사람됨을 평가하는 네 가지 기준입니다.
'몸가짐과 말씨, 글씨, 판단력'

시대가 변했어도 글씨는 아이들에게 중요합니다.
학생들은 숙제나 수행평가를 컴퓨터로 작성해서 제출하기 때문에 글씨 쓰기를 귀찮아하는 현실이 되었습니다.

글씨 잘 쓰는 아이는 공부도 잘합니다.
글씨 쓰기에 집중하는 아이들은 수업시간에 집중력과 기억력이 높아 학습능력 향상이 되는 효과가 있습니다.

연필 쓰기를 강조하는 이유는 뻣뻣한 펜으로 연습했던 펜글씨와 달리 새롭고 부드럽게 아이들에는 정서적으로 좋은 쓰기 도구입니다.
연필은 흑연으로 만들어 글씨 교정용 도구로 적당합니다.
'연필로 쓰는 교재' 는 초등생과 초보자가 연습하기에 알맞습니다.

논술시대에 책을 읽고, 생각하고, 글을 잘 쓰는 것도 중요하지만 정성스럽게 또박또박 한글을 잘 쓰는 것 또한 중요합니다.

이 교재는 누구든지 쉽게 글씨 교정이 빨리 이루어질 수 있습니다.
특히, 컴퓨터의 생활화로 글 쓰는 일이 적어 손 글씨에 익숙하지 못한 아이들에게 좋은 교재입니다.
중요하지만 소홀하기 쉬운 글씨 쓰기 교육을 강조하는 교재입니다.

머리말

컴퓨터 시대에도 나 자신이 직접 쓰는 아름다운 손 글씨는 누구에게나 필요합니다.

요즘 현대인들은 모두가 컴퓨터와 더불어 생활을 하고 있기 때문에 당연히 글자판과 너무나 친숙해져 있습니다.

일상생활이나 직장 또는 모든 업무상에도 컴퓨터 자판기를 떠나서 생활할 수 없게 되어 있으며 하다못해 회사에서도 기획안이나 보고서 작성 등 컴퓨터 없이는 한 글자도 쓸 수 없게 되어버린 것이 현실입니다.

컴퓨터와 떨어져서 한시도 생활할 수 없게 된 것이 오늘날의 과학 발전이 이루어낸 것입니다. 그럼에도, 학생이나 일반인까지도 본인들이 직접 손으로 써서 작성해야 할 부분도 많이 있을 것입니다.

예를 들어 자기소개서나 이력서 등 수업시간에 노트 필기 등이 있으며 주관식 시험의 답안 작성 등은 본인들이 직접 자신의 필체로 써야 하기 때문입니다.

요즘 학생들은 서술형 논술에 대비하여 신경을 많이 쓰고 있으므로 모두가 자필로 작성해야 할 부분들이 많아서 큰 부담으로 다가오고 있습니다.

글로 쓰는 부분에서 한글의 받침 하나도 제대로 쓰지 못한다면 큰 낭패를 보게 될 것입니다. 이럴 때 멋지고 아름답게 글씨를 잘 쓸 수 있다면 문장 속의 내용이 한층 더 돋보이게 될 것입니다.

컴퓨터의 모니터를 보면서 손가락으로 글자판만 두드리다가 본인의 자필로 직접 글을 작성해야 할 부분이나 생각지도 않던 글씨를 쓸 상황이 생겼을 때 악필은 큰 어려움을 느끼게 되며 또한, 자신감이 없어지는 것도 자신의 생활에 일부가 돼버리기도 합니다.

초등학교에서는 연필로 글자를 쓰는 연습을 해야 하는데도 일부 학생들은 컴퓨터로 글자를 쳐서 글을 쓰고 있으며 학교의 숙제도 글자판으로 하는 것이 현실입니다.

또한, 우리 고유의 아름다운 말과 글을 이상하게 줄여 만들어 쓰거나 약어로 사용하거나 아예 글 자체를 무시하고 은어로 사용하고 있는 경우가 많이 있습니다.

올바르지 못한 말을 자주 사용하다 보면 정말 그 말이 제대로 된 글이라고 생각하여 직접적으로 글로 사용하는 경우가 생기는 것입니다.

바른 국어 교육을 위해서라도 아름답게 손글씨를 쓰는 습관을 길러야 합니다. 지금부터라도 이 책에서 제시된 훈련 방법으로 연습하여 더욱 멋진 필체로 바뀌어서 모두가 사회생활 하는 데 자신감을 느낀다면 지식과 인격까지 더욱 빛나게 될 것을 확신합니다.

저자

차례

1장 정자체 쓰기 초등생 및 초보자 악필 교정편

차례

연 필 로 쓰 는 악 필 교 정 기 억 법

아름다운 손글씨 캘리그라피 (Calligraphy)

정자체쓰기 1장

초등생 및 초보자 악필 교정편

1단계 기초 선 긋는 방법과 긋기 연습
2단계 자음 기본자 바르게 쓰기
3단계 모음 합성 글자 쓰기
4단계 한 글자씩 실전 쓰기훈련
5단계 글씨 쓰기연습
6단계 단어 쓰고 문장으로 이어쓰기
7단계 고사성어 뜻 내용쓰기

여러 유형의 악필 글씨 모음집

주관식 – 11과 language check 괄호넣기 " 12과 "
10과 Guided writing EBS
윤리와사상 – 138P~198P
국어생활 – 문제집 1~3
정컴 – Part2~3
한국지리 – 185~249
체육 – 농구 218~2[illegible]

◀ 글자의 수평이 맞지 않고 점점 우측으로 갈수록 내려쓰는 형

다음날 일찍일어나서 우리는 버스를타
[illegible] 약수터에 가서 물을마시이
[illegible] 사이다 [illegible] 기분으로 많이이상
하였다. 산에서 내려와 다시 숙소에
서 [illegible] 식사를하고 [illegible] 계곡[illegible]으
로 갔다. 우리는 계곡이란 말에 계곡에
서 놀고 [illegible] 산을 오르가는길
이 [illegible] 계곡은 우리
[illegible] 하며 [illegible] 우리 계속 올라
갔다. 그리고 [illegible] 에우리는
등 가 [illegible] 서 [illegible] 올라가고
우리는 [illegible] 서 노다 [illegible]
물은 [illegible] 몸을 [illegible]

▲ 글자의 기초 훈련이 부족하고 정성이 없이 마구 쓰고 있으며 열심히 노력해야 하는 형

3 토양 오염과 건강
1) 토양 오염의 원인 : ○ 각종 쓰레기, 농약 등
○ 산업 폐기물, 폐비닐
2) " 영향 : ○ 오염된 음식물 섭취로 인한 중금속 중독
○
3) " 대책 : ○ 정부 : ● 폐기물처리에 대한 법적 규제 강화
○ 가정및 산업체 : 쓰레기 및 폐기물 발생량 줄이기
○ 농촌 : 농약사용 자제

▲ 글자의 가로 선과 세로 선이 일정하지 않으며 글자의 굴곡이 심한 형

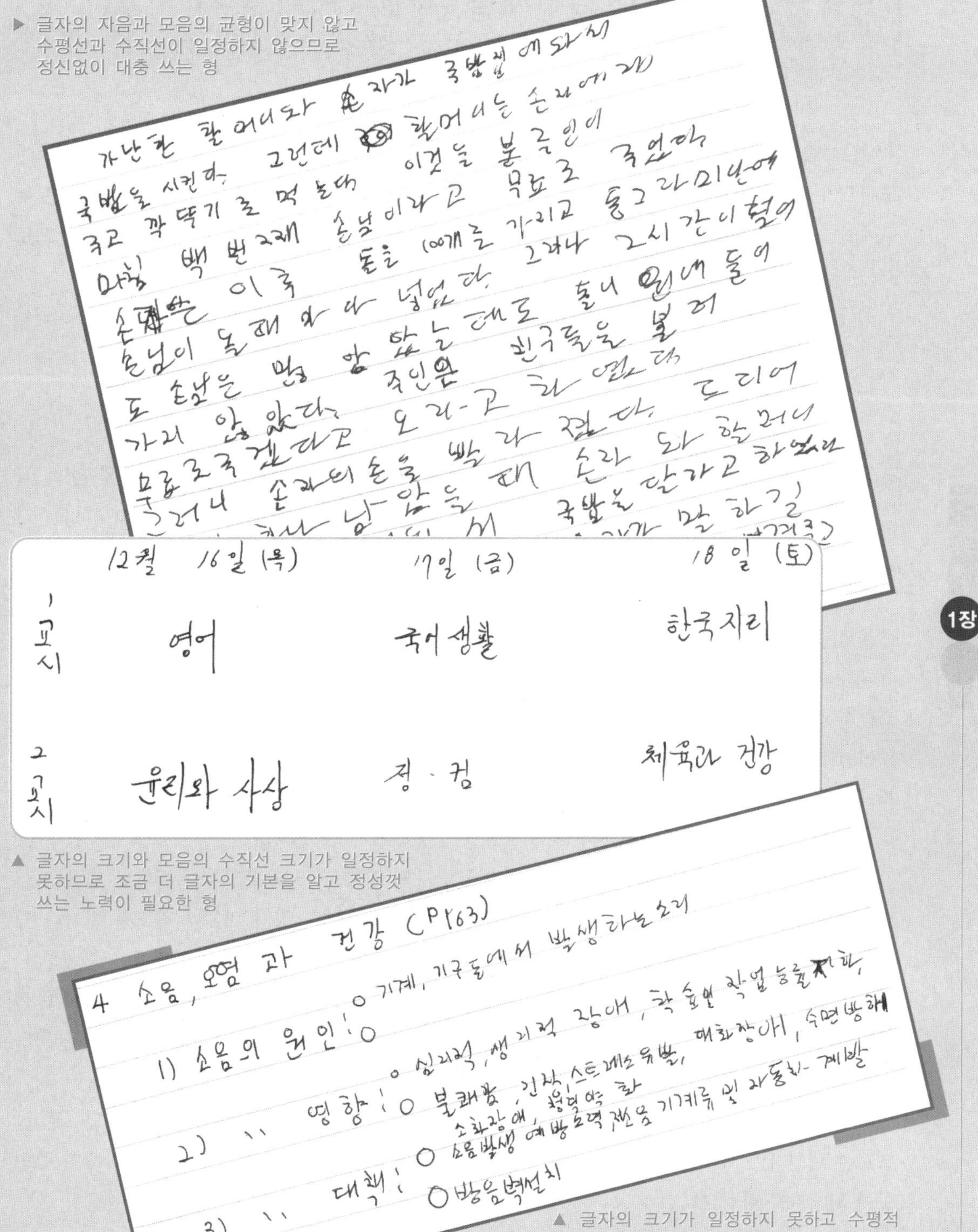

▶ 글자의 자음과 모음의 균형이 맞지 않고 수평선과 수직선이 일정하지 않으므로 정신없이 대충 쓰는 형

▲ 글자의 크기와 모음의 수직선 크기가 일정하지 못하므로 조금 더 글자의 기본을 알고 정성껏 쓰는 노력이 필요한 형

▲ 글자의 크기가 일정하지 못하고 수평적으로 정렬이 미흡하고 굴곡이 심하여 정리 정돈이 되지 않은 글씨 형

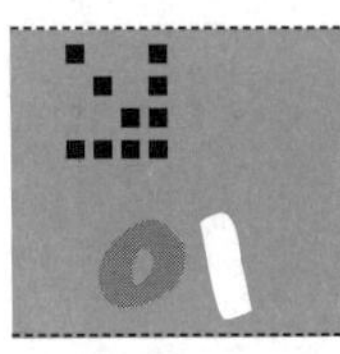

아름다운 손글씨 캘리그라피

정자체와 필기체를 그대로 따라 쓰기

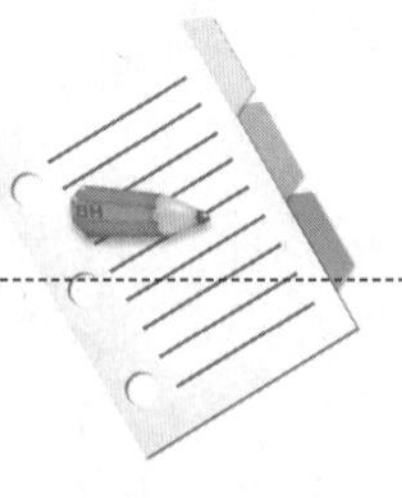

이 교재는 기초 선 긋기를 바탕으로 정자체와 필기체를 직접 써서 악필을 교정하는 실전적인 글씨쓰기 연습 교정본입니다. 일반적으로 많이 쓰는 멋진 글씨를 나도 잘 쓰고 싶다는 마음은 누구에게나 있을 것입니다. 글씨를 예쁘게 쓰려면 기초 선 긋기부터 글자 쓰기까지 각 단계적으로 차근차근 교정해 나가시기 바랍니다.

① 글씨를 잘 쓰려면 기본적으로 (—)가로선 긋기와 (ㅣ)세로선 긋기를 직선으로 똑바로 긋는 연습이 필요합니다.

② (ㅅ)시옷과 (ㅇ)이응을 쓰는 연습을 하고, 다음 기본 자음과 모음을 쓰는 연습에 들어가면 됩니다.

③ 기본적인 기초 훈련이 끝나면 본격적으로 한 글자씩 쓰는 연습에 들어가게 되는데, 이때 글자의 짜임 원리를 잘 분석하여 기억해두고 나서 글자를 일정한 크기로 쓰는 것과 획의 순서에 맞게 글자의 간격을 알맞게 유지하며 써가는 훈련이 필수적입니다.

누구보다 멋진 글씨를 쓰려면 기본적으로 다리와 몸은 바른 자세를 유지해야 하며 또한 필기구를 잡을 때 올바르게 잡아야 합니다.

글자를 쓰기 위한 기본자세는 명필의 지름길이 됩니다. 필기구를 쥐는 방법도 정해진 규칙에 따라서 각도와 위치에 맞게 올바르게 손에 쥐어야 멋지고 아름답게 글씨를 잘 쓸 수 있습니다.

이 교재는 글자 쓰기 연습을 할 때 필기구는 꼭 연필을 사용하며 기초부터 단계별로 차분히 써가는 훈련이 매우 중요하다고 봅니다.

※ 글자 쓰기 연습을 할 때는 처음부터 볼펜을 사용해서는 안 됩니다.

볼펜에는 구슬(심)이 들어 있어 자유자재로 굴러가게 되므로 글씨 교정자가 똑바로 획을 그어도 정지하고자 하는 곳에 정확히 멈출 수가 없어, 획이 빗나가고 정지 위치나 각도를 벗어나 제멋대로 선이 그어진다면 예쁘고 아름다운 글씨를 쓸 수 없게 됩니다.

지금부터는 악필을 명필로 교정하겠다는 목적을 두고 반듯이 연필을 바르게 쥐고 천천히 반복하여 쓰기 연습을 하시기 바랍니다. 꾸준히 연습하다 보면 나중에는 어떤 필기구를 쥐고 글씨를 써도 자유롭게 쓸 수 있게 되므로 멋진 글씨를 마음껏 잘 쓰게 됩니다.

이 교재로 단계별로 진도에 따라 연습하다 보면 모두가 아름다운 글씨체로 바뀌게 되므로 앞으로는 어떤 분야에서도 필체 하나로 자신감을 느끼게 되며 멋지고 아름다운 손 글씨체의 주인공이 되시기를 바랍니다.

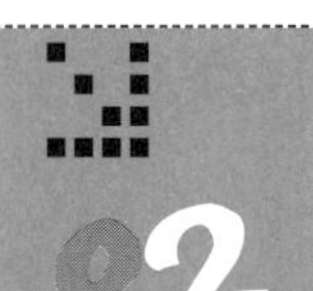

몸의 올바른 자세와 정자체 쓰기법

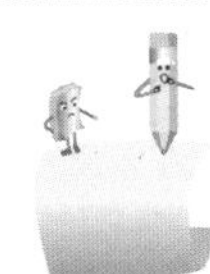

① 정자체로 글씨를 바르게 필기할 때에는 책상 앞에서 앉아서 상체를 약 15° 정도 앞으로 숙인 상태에서 양손을 책상 위에 가볍게 올려놓습니다.

② 정자체로 필기할 때는 우측 가슴으로부터 오른손이 약간 벗어난 상태에서 필기할 준비를 합니다.

③ 필기구를 잡을 때에는 필기구의 끝으로부터 약 3cm 정도 위치에 손가락을 쥔 상태에서 엄지와 검지로는 V자 형태로 마주 잡고 중지로는 가볍게 밑을 받쳐 듭니다.

④ 필기구는 노트가 놓인 상태에서 일직선이 되도록 가볍게 펜을 잡는 것이 매우 바람직한 자세입니다.

⑤ 글씨를 쓸 때에는 글자의 크기를 일정하게 하여 바르게 쓰면서도 수평을 이루며 또박또박 써 나갑니다.

[책상으로부터 필기구의 각도는 약 60°를 유지하는 것이 매우 좋다.]

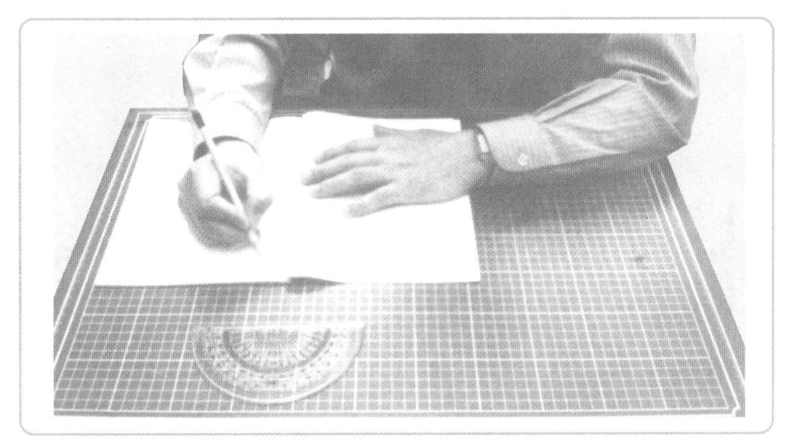

정자체 쓰기의 바른 자세법

1. 정자체 글자의 기본 틀 기억하기

글씨를 잘 쓰려면 정자체 글자의 모양과 짜임과 비율을 기억해야 한다.

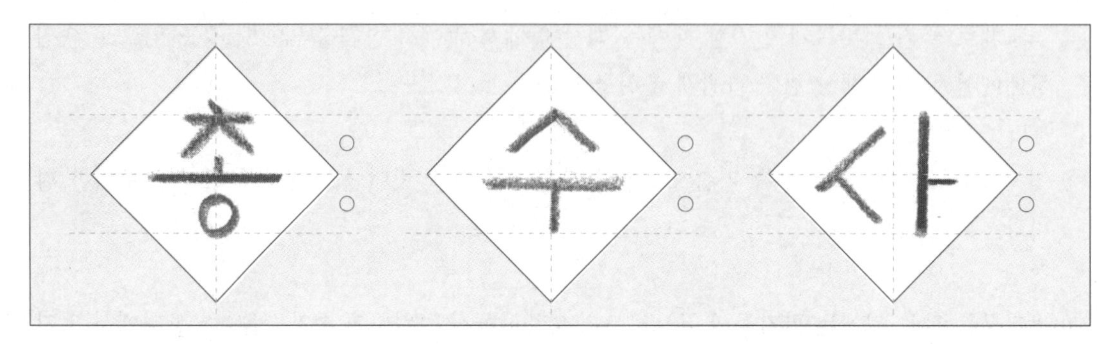

1. 세로의 점선을 중심으로 좌 · 우의 간격과 상 · 하의 간격을 맞추어 쓴다.

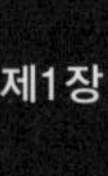

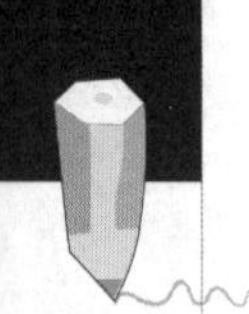

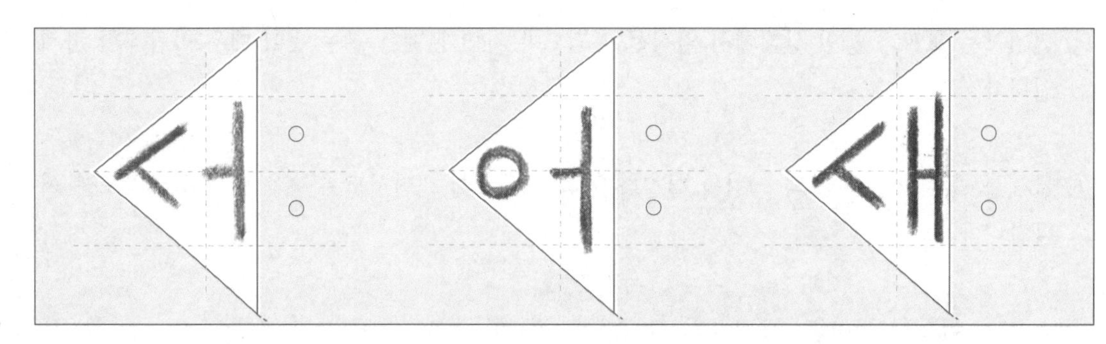

2. 가운데 점선을 중심으로 자음을 쓰고 가로 중심선에 맞추어 모음을 쓴다.

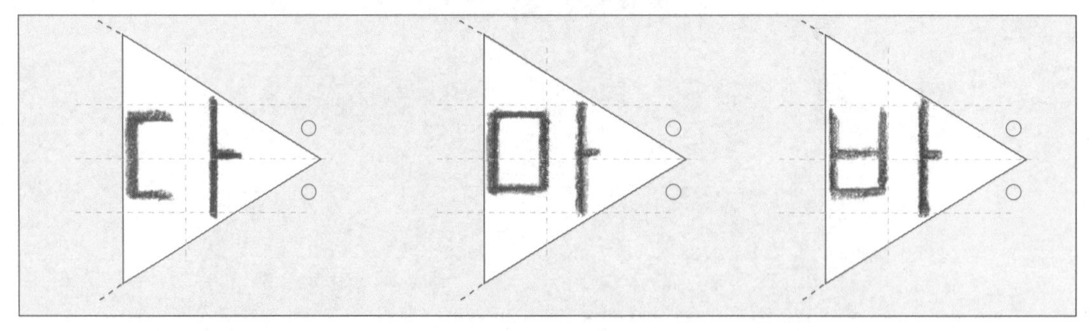

3. 가운데 점선을 중심으로 좌측에 자음을 쓰고 간격을 맞추어 우측에 모음을 쓴다.

2. 정자체 글자의 기본 틀 기억하기

글씨를 잘 쓰려면 정자체 글자의 모양과 짜임과 비율을 기억해야 한다.

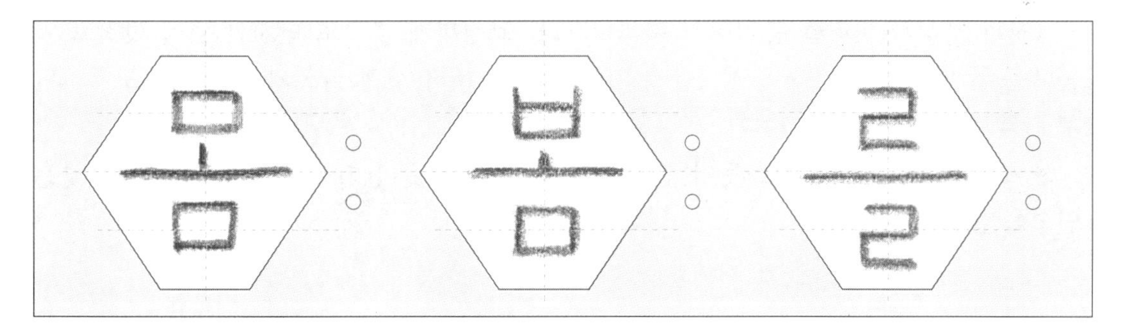

4. 세로획은 수직으로 긋고 상 · 하의 간격과 가로획의 간격을 일정하게 한다.

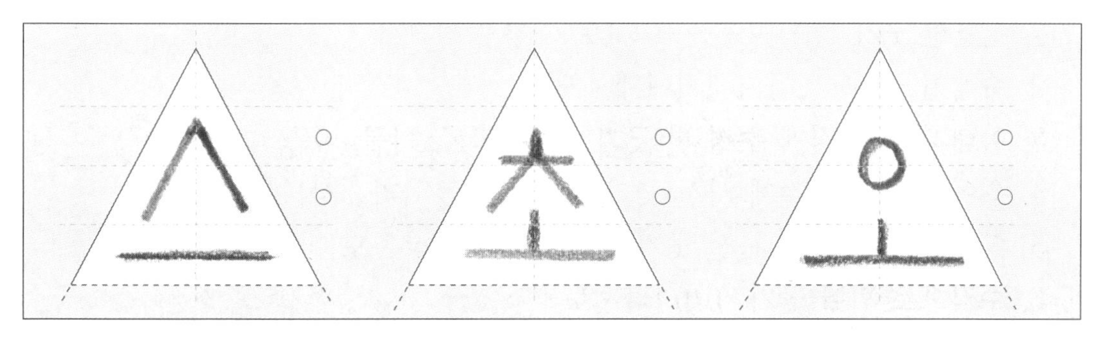

5. 세로 점선을 중심으로 좌 · 우가 대칭이 되게 바르게 쓴다.

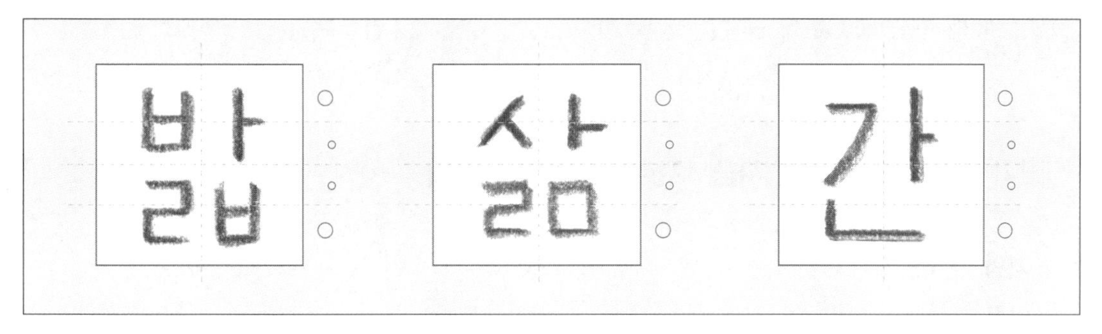

6. 가로 · 세로 점선을 중심으로 (十)열십자형으로 간격을 맞추어 쓴다.

1단계

아름다운 손글씨 캘리그라피

기본 선 긋는 방법과 긋기연습

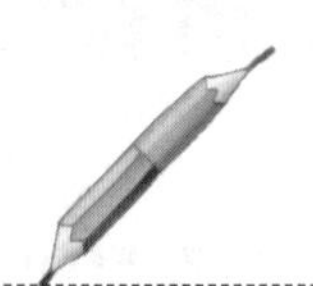

글자의 구성과 원리를 분석하여 획의 각도를 교정하게 하므로 단시간 내에 멋지고 아름다운 글씨로 교정할 수 있게 1단계 기초 선 긋기부터 실전 글쓰기 단계까지 모두 7단계 단계로 구성되어 있습니다.

선 긋기는 실지 글씨를 쓰듯이 연필을 쥐고 색칠 하듯이 가늘게 선을 중첩하여 긋는 연습을 합니다.

기본 선 긋기의 종류

1. 수평선 긋기 →→→→→ [토 · 투]
2. 수직선 긋기 ↓↓↓↓↓ [개 · 게]
3. 아래서 위로 길게 수평 빗 긋기 ↗↗↗↗↗ [를 · 몸]
4. 위에서 아래로 길게 사선 긋기 ↙↙↙↙↙ [가 · 사]
5. 아래서 위로 짧게 사선 긋기 ↗↗↗↗↗ [다 · 도]
6. 수직으로 휘어 긋기))))) [나 · 노]
7. 시옷 엇갈려 빗 긋기 ↙↘ ↙↘ ↙↘ ↙↘ ↙↘ [소 · 수]
8. 원 그리기 ↳OOOOO [아 · 우]
9. 좌에서 우로 짧게 수직 빗 긋기 ↘↘↘↘↘ [맘 · 무]

긋기 연습은 아래 기본 자음 4자로부터 이루어진다.

기역	ㄱ	ㄱ ㄱ ㄱ ㄱ ㄱ ㄱ ㄱ ㄱ ㄱ ㄱ ㄱ ㄱ ㄱ ㄱ ㄱ
니은	ㄴ	ㄴ ㄴ ㄴ ㄴ ㄴ ㄴ ㄴ ㄴ ㄴ ㄴ ㄴ ㄴ ㄴ ㄴ ㄴ
시옷	ㅅ	ㅅ ㅅ ㅅ ㅅ ㅅ ㅅ ㅅ ㅅ ㅅ ㅅ ㅅ ㅅ ㅅ ㅅ ㅅ
이응	ㅇ	ㅇ ㅇ ㅇ ㅇ ㅇ ㅇ ㅇ ㅇ ㅇ ㅇ ㅇ ㅇ ㅇ ㅇ ㅇ

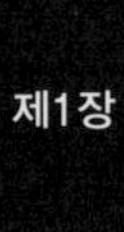

1. 수평 선 긋기 → (토 · 투)

＊ 글자를 쓰듯이 연필을 쥐고 색칠하듯 기본 수평선 위로 중첩하여 긋기 연습을 하세요.

＊ 선 긋는 방법으로 기초 다지기 연습단계

직접
선 긋기

2. 수직 선 긋기 ↓(게 · 계)

* 글자를 쓰듯이 연필을 쥐고 색칠하듯 기본 수직선 위로 중첩하여 긋기 연습을 하세요.
* **선 긋는 방법으로 기초 다지기 연습단계**

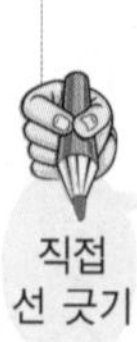

직접 선 긋기

3. 아래서 위로 길게 수평 빗 긋기 ↗(를 · 몸)

＊ 글자를 쓰듯이 연필을 쥐고 색칠하듯 기본 수평 빗선 위로 중첩하여 긋기 연습을 하세요.

＊ 선 긋는 방법으로 기초 다지기 연습단계

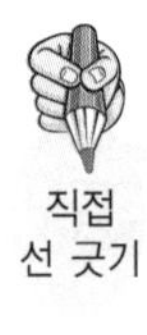

직접
선 긋기

4. 위에서 아래로 길게 사선 긋기 ↙(가 · 사)

* 글자를 쓰듯이 연필을 쥐고 색칠하듯 기본 길게 사선 위로 중첩하여 긋기 연습을 하세요.

＊ 선 긋는 방법으로 기초 다지기 연습단계

제1장

직접 선 긋기

5. 아래서 위로 짧게 사선 긋기 ╱(다 · 도)

* 글자를 쓰듯이 연필을 쥐고 색칠하듯 기본 짧게 사선 위로 중첩하여 긋기 연습을 하세요.

* **선 긋는 방법으로 기초 다지기 연습단계**

직접
선 긋기

6. 수직으로 휘어 긋기) (나 · 노)

＊ 글자를 쓰듯이 연필을 쥐고 색칠하듯 기본 수직 휘어 선 위로 중첩하여 긋기 연습을 하세요.

＊ 선 긋는 방법으로 기초 다지기 연습단계

제1장

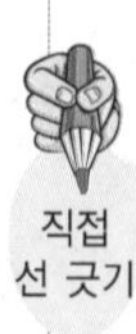

직접 선 긋기

7. 시옷 엇갈려 빗 긋기 (소 · 수)

* 글자를 쓰듯이 연필을 쥐고 색칠하듯 기본 시옷 선 위로 중첩하여 긋기 연습을 하세요.
* 선 긋는 방법으로 기초 다지기 연습단계

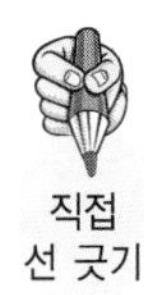

직접 선 긋기

8. 원 그리기 ○ (아 · 우)

＊ 글자를 쓰듯이 연필을 쥐고 색칠하듯 기본 이응 선 위로 중첩하여 긋기 연습을 하세요.

＊ 선 긋는 방법으로 기초 다지기 연습단계

제1장

직접 선 긋기

9. 짧게 좌에서 우로 짧게 수직 빗 긋기 ↘(무 · 모)

* 글자를 쓰듯이 연필을 쥐고 색칠하듯 기본 수직 빗선 위로 중첩하여 긋기 연습을 하세요.
* 선 긋는 방법으로 기초 다지기 연습단계

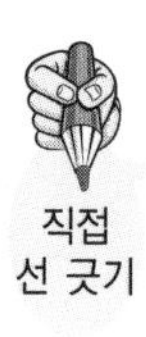

직접
선 긋기

아라비아 숫자 정자체 쓰기 [1]

* 연필로 천천히 정확하게 따라 쓰세요.

[정자체로 숫자를 세워 쓰기연습]

❶

1	2	3	4	5	6	7	8	9	0
1	2	3	4	5	6	7	8	9	0

❷

1	2	3	4	5	6	7	8	9	0
1	2	3	4	5	6	7	8	9	0

❸

1	2	3	4	5	6	7	8	9	0
1	2	3	4	5	6	7	8	9	0

❹

1	2	3	4	5	6	7	8	9	0
1	2	3	4	5	6	7	8	9	0

❺

1	2	3	4	5	6	7	8	9	0
1	2	3	4	5	6	7	8	9	0

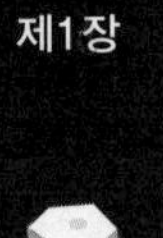

아라비아 숫자 정자체 쓰기 [2]

* 연필로 천천히 정확하게 따라 쓰세요.

[정자체로 숫자를 세워 쓰기연습]

❻

1 2 3 4 5 6 7 8 9 0

1 2 3 4 5 6 7 8 9 0

❼

1 2 3 4 5 6 7 8 9 0

1 2 3 4 5 6 7 8 9 0

❽

1 2 3 4 5 6 7 8 9 0

1 2 3 4 5 6 7 8 9 0

❾

1 2 3 4 5 6 7 8 9 0

1 2 3 4 5 6 7 8 9 0

❿

1 2 3 4 5 6 7 8 9 0

1 2 3 4 5 6 7 8 9 0

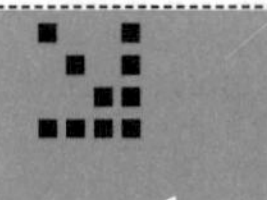

2 단계 자음 기본 기역자 바르게 쓰기(연습 1)

[정자체로 바르게 쓰기] [ㄱ] 자음쓰기 연필로 중첩하여 써보기 훈련단계

ㄱ ㄱ ㄱ ㄱ ㄱ ㄱ ㄱ ㄱ ㄱ ㄱ ㄱ ㄱ ㄱ ㄱ
ㄱ ㄱ ㄱ ㄱ ㄱ ㄱ ㄱ ㄱ ㄱ ㄱ ㄱ ㄱ ㄱ ㄱ

ㄱ ㄱ ㄱ ㄱ ㄱ ㄱ ㄱ ㄱ ㄱ ㄱ ㄱ ㄱ ㄱ ㄱ
ㄱ ㄱ ㄱ ㄱ ㄱ ㄱ ㄱ ㄱ ㄱ ㄱ ㄱ ㄱ ㄱ ㄱ

ㄱ ㄱ ㄱ ㄱ ㄱ ㄱ ㄱ ㄱ ㄱ ㄱ ㄱ ㄱ ㄱ ㄱ
ㄱ ㄱ ㄱ ㄱ ㄱ ㄱ ㄱ ㄱ ㄱ ㄱ ㄱ ㄱ ㄱ ㄱ

ㄱ ㄱ ㄱ ㄱ ㄱ ㄱ ㄱ ㄱ ㄱ ㄱ ㄱ ㄱ ㄱ ㄱ

직접 써보기

ㄱ ㄱ ㄱ ㄱ ㄱ ㄱ ㄱ ㄱ ㄱ ㄱ ㄱ ㄱ ㄱ ㄱ
ㄱ ㄱ ㄱ ㄱ ㄱ ㄱ ㄱ ㄱ ㄱ ㄱ ㄱ ㄱ ㄱ ㄱ

ㄱ ㄱ ㄱ ㄱ ㄱ ㄱ ㄱ ㄱ ㄱ ㄱ ㄱ ㄱ ㄱ ㄱ
ㄱ ㄱ ㄱ ㄱ ㄱ ㄱ ㄱ ㄱ ㄱ ㄱ ㄱ ㄱ ㄱ ㄱ

ㄱ ㄱ ㄱ ㄱ ㄱ ㄱ ㄱ ㄱ ㄱ ㄱ ㄱ ㄱ ㄱ ㄱ
ㄱ ㄱ ㄱ ㄱ ㄱ ㄱ ㄱ ㄱ ㄱ ㄱ ㄱ ㄱ ㄱ ㄱ

ㄱ ㄱ ㄱ ㄱ ㄱ ㄱ ㄱ ㄱ ㄱ ㄱ ㄱ ㄱ ㄱ ㄱ
ㄱ ㄱ ㄱ ㄱ ㄱ ㄱ ㄱ ㄱ ㄱ ㄱ ㄱ ㄱ ㄱ ㄱ

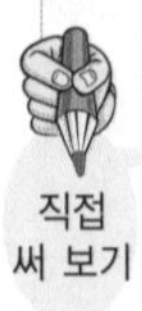

직접 써 보기

자음 기본 니은자 바르게 쓰기(연습 2)

[정자체로 바르게 쓰기] [ㄴ] 자음쓰기 연필로 중첩하여 써보기 훈련단계

ㄴ	ㄴ	ㄴ	ㄴ	ㄴ	ㄴ	ㄴ	ㄴ	ㄴ	ㄴ	ㄴ	ㄴ	ㄴ	ㄴ
ㄴ	ㄴ	ㄴ	ㄴ	ㄴ	ㄴ	ㄴ	ㄴ	ㄴ	ㄴ	ㄴ	ㄴ	ㄴ	ㄴ
ㄴ	ㄴ	ㄴ	ㄴ	ㄴ	ㄴ	ㄴ	ㄴ	ㄴ	ㄴ	ㄴ	ㄴ	ㄴ	ㄴ
ㄴ	ㄴ	ㄴ	ㄴ	ㄴ	ㄴ	ㄴ	ㄴ	ㄴ	ㄴ	ㄴ	ㄴ	ㄴ	ㄴ
ㄴ	ㄴ	ㄴ	ㄴ	ㄴ	ㄴ	ㄴ	ㄴ	ㄴ	ㄴ	ㄴ	ㄴ	ㄴ	ㄴ
ㄴ	ㄴ	ㄴ	ㄴ	ㄴ	ㄴ	ㄴ	ㄴ	ㄴ	ㄴ	ㄴ	ㄴ	ㄴ	ㄴ
ㄴ	ㄴ	ㄴ	ㄴ	ㄴ	ㄴ	ㄴ	ㄴ	ㄴ	ㄴ	ㄴ	ㄴ	ㄴ	ㄴ
ㄴ	ㄴ	ㄴ	ㄴ	ㄴ	ㄴ	ㄴ	ㄴ	ㄴ	ㄴ	ㄴ	ㄴ	ㄴ	ㄴ
ㄴ	ㄴ	ㄴ	ㄴ	ㄴ	ㄴ	ㄴ	ㄴ	ㄴ	ㄴ	ㄴ	ㄴ	ㄴ	ㄴ
ㄴ	ㄴ	ㄴ	ㄴ	ㄴ	ㄴ	ㄴ	ㄴ	ㄴ	ㄴ	ㄴ	ㄴ	ㄴ	ㄴ
ㄴ	ㄴ	ㄴ	ㄴ	ㄴ	ㄴ	ㄴ	ㄴ	ㄴ	ㄴ	ㄴ	ㄴ	ㄴ	ㄴ
ㄴ	ㄴ	ㄴ	ㄴ	ㄴ	ㄴ	ㄴ	ㄴ	ㄴ	ㄴ	ㄴ	ㄴ	ㄴ	ㄴ
ㄴ	ㄴ	ㄴ	ㄴ	ㄴ	ㄴ	ㄴ	ㄴ	ㄴ	ㄴ	ㄴ	ㄴ	ㄴ	ㄴ
ㄴ	ㄴ	ㄴ	ㄴ	ㄴ	ㄴ	ㄴ	ㄴ	ㄴ	ㄴ	ㄴ	ㄴ	ㄴ	ㄴ
ㄴ	ㄴ	ㄴ	ㄴ	ㄴ	ㄴ	ㄴ	ㄴ	ㄴ	ㄴ	ㄴ	ㄴ	ㄴ	ㄴ

직접 써 보기

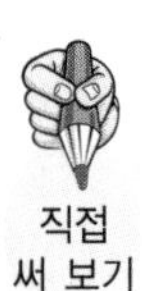

직접 써 보기

자음 기본 디귿자 바르게 쓰기(연습 3)

[정자체로 바르게 쓰기] [ㄷ] 자음쓰기 연필로 중첩하여 써보기 훈련단계

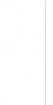

ㄷ ㄷ ㄷ ㄷ ㄷ ㄷ ㄷ ㄷ ㄷ ㄷ ㄷ ㄷ ㄷ ㄷ
ㄷ ㄷ ㄷ ㄷ ㄷ ㄷ ㄷ ㄷ ㄷ ㄷ ㄷ ㄷ ㄷ ㄷ

ㄷ ㄷ ㄷ ㄷ ㄷ ㄷ ㄷ ㄷ ㄷ ㄷ ㄷ ㄷ ㄷ ㄷ
ㄷ ㄷ ㄷ ㄷ ㄷ ㄷ ㄷ ㄷ ㄷ ㄷ ㄷ ㄷ ㄷ ㄷ

ㄷ ㄷ ㄷ ㄷ ㄷ ㄷ ㄷ ㄷ ㄷ ㄷ ㄷ ㄷ ㄷ ㄷ
ㄷ ㄷ ㄷ ㄷ ㄷ ㄷ ㄷ ㄷ ㄷ ㄷ ㄷ ㄷ ㄷ ㄷ

ㄷ ㄷ ㄷ ㄷ ㄷ ㄷ ㄷ ㄷ ㄷ ㄷ ㄷ ㄷ ㄷ ㄷ

ㄷ ㄷ ㄷ ㄷ ㄷ ㄷ ㄷ ㄷ ㄷ ㄷ ㄷ ㄷ ㄷ ㄷ
ㄷ ㄷ ㄷ ㄷ ㄷ ㄷ ㄷ ㄷ ㄷ ㄷ ㄷ ㄷ ㄷ ㄷ

ㄷ ㄷ ㄷ ㄷ ㄷ ㄷ ㄷ ㄷ ㄷ ㄷ ㄷ ㄷ ㄷ ㄷ
ㄷ ㄷ ㄷ ㄷ ㄷ ㄷ ㄷ ㄷ ㄷ ㄷ ㄷ ㄷ ㄷ ㄷ

ㄷ ㄷ ㄷ ㄷ ㄷ ㄷ ㄷ ㄷ ㄷ ㄷ ㄷ ㄷ ㄷ ㄷ
ㄷ ㄷ ㄷ ㄷ ㄷ ㄷ ㄷ ㄷ ㄷ ㄷ ㄷ ㄷ ㄷ ㄷ

ㄷ ㄷ ㄷ ㄷ ㄷ ㄷ ㄷ ㄷ ㄷ ㄷ ㄷ ㄷ ㄷ ㄷ
ㄷ ㄷ ㄷ ㄷ ㄷ ㄷ ㄷ ㄷ ㄷ ㄷ ㄷ ㄷ ㄷ ㄷ

직접 써보기

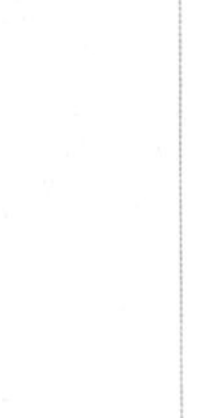

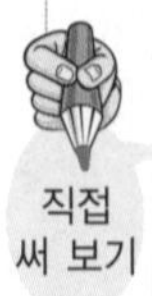

직접 써 보기

자음 기본 리을자 바르게 쓰기(연습 4)

[정자체로 바르게 쓰기] [ㄹ] 자음쓰기 연필로 중첩하여 써보기 훈련단계

ㄹ ㄹ ㄹ ㄹ ㄹ ㄹ ㄹ ㄹ ㄹ ㄹ ㄹ ㄹ ㄹ ㄹ
ㄹ ㄹ ㄹ ㄹ ㄹ ㄹ ㄹ ㄹ ㄹ ㄹ ㄹ ㄹ ㄹ ㄹ

ㄹ ㄹ ㄹ ㄹ ㄹ ㄹ ㄹ ㄹ ㄹ ㄹ ㄹ ㄹ ㄹ ㄹ
ㄹ ㄹ ㄹ ㄹ ㄹ ㄹ ㄹ ㄹ ㄹ ㄹ ㄹ ㄹ ㄹ ㄹ

ㄹ ㄹ ㄹ ㄹ ㄹ ㄹ ㄹ ㄹ ㄹ ㄹ ㄹ ㄹ ㄹ ㄹ
ㄹ ㄹ ㄹ ㄹ ㄹ ㄹ ㄹ ㄹ ㄹ ㄹ ㄹ ㄹ ㄹ ㄹ

ㄹ ㄹ ㄹ ㄹ ㄹ ㄹ ㄹ ㄹ ㄹ ㄹ ㄹ ㄹ ㄹ ㄹ

직접 써보기

ㄹ ㄹ ㄹ ㄹ ㄹ ㄹ ㄹ ㄹ ㄹ ㄹ ㄹ ㄹ ㄹ ㄹ
ㄹ ㄹ ㄹ ㄹ ㄹ ㄹ ㄹ ㄹ ㄹ ㄹ ㄹ ㄹ ㄹ ㄹ

ㄹ ㄹ ㄹ ㄹ ㄹ ㄹ ㄹ ㄹ ㄹ ㄹ ㄹ ㄹ ㄹ ㄹ
ㄹ ㄹ ㄹ ㄹ ㄹ ㄹ ㄹ ㄹ ㄹ ㄹ ㄹ ㄹ ㄹ ㄹ

ㄹ ㄹ ㄹ ㄹ ㄹ ㄹ ㄹ ㄹ ㄹ ㄹ ㄹ ㄹ ㄹ ㄹ
ㄹ ㄹ ㄹ ㄹ ㄹ ㄹ ㄹ ㄹ ㄹ ㄹ ㄹ ㄹ ㄹ ㄹ

ㄹ ㄹ ㄹ ㄹ ㄹ ㄹ ㄹ ㄹ ㄹ ㄹ ㄹ ㄹ ㄹ ㄹ
ㄹ ㄹ ㄹ ㄹ ㄹ ㄹ ㄹ ㄹ ㄹ ㄹ ㄹ ㄹ ㄹ ㄹ

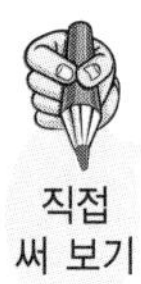

직접 써 보기

자음 기본 미음자 바르게 쓰기(연습 5)

[정자체로 바르게 쓰기] [ㅁ] 자음쓰기 연필로 중첩하여 써보기 훈련단계

ㅁ	ㅁ	ㅁ	ㅁ	ㅁ	ㅁ	ㅁ	ㅁ	ㅁ	ㅁ	ㅁ	ㅁ	ㅁ	ㅁ
ㅁ	ㅁ	ㅁ	ㅁ	ㅁ	ㅁ	ㅁ	ㅁ	ㅁ	ㅁ	ㅁ	ㅁ	ㅁ	ㅁ
ㅁ	ㅁ	ㅁ	ㅁ	ㅁ	ㅁ	ㅁ	ㅁ	ㅁ	ㅁ	ㅁ	ㅁ	ㅁ	ㅁ
ㅁ	ㅁ	ㅁ	ㅁ	ㅁ	ㅁ	ㅁ	ㅁ	ㅁ	ㅁ	ㅁ	ㅁ	ㅁ	ㅁ
ㅁ	ㅁ	ㅁ	ㅁ	ㅁ	ㅁ	ㅁ	ㅁ	ㅁ	ㅁ	ㅁ	ㅁ	ㅁ	ㅁ
ㅁ	ㅁ	ㅁ	ㅁ	ㅁ	ㅁ	ㅁ	ㅁ	ㅁ	ㅁ	ㅁ	ㅁ	ㅁ	ㅁ
ㅁ	ㅁ	ㅁ	ㅁ	ㅁ	ㅁ	ㅁ	ㅁ	ㅁ	ㅁ	ㅁ	ㅁ	ㅁ	ㅁ
ㅁ	ㅁ	ㅁ	ㅁ	ㅁ	ㅁ	ㅁ	ㅁ	ㅁ	ㅁ	ㅁ	ㅁ	ㅁ	ㅁ
ㅁ	ㅁ	ㅁ	ㅁ	ㅁ	ㅁ	ㅁ	ㅁ	ㅁ	ㅁ	ㅁ	ㅁ	ㅁ	ㅁ
ㅁ	ㅁ	ㅁ	ㅁ	ㅁ	ㅁ	ㅁ	ㅁ	ㅁ	ㅁ	ㅁ	ㅁ	ㅁ	ㅁ
ㅁ	ㅁ	ㅁ	ㅁ	ㅁ	ㅁ	ㅁ	ㅁ	ㅁ	ㅁ	ㅁ	ㅁ	ㅁ	ㅁ
ㅁ	ㅁ	ㅁ	ㅁ	ㅁ	ㅁ	ㅁ	ㅁ	ㅁ	ㅁ	ㅁ	ㅁ	ㅁ	ㅁ
ㅁ	ㅁ	ㅁ	ㅁ	ㅁ	ㅁ	ㅁ	ㅁ	ㅁ	ㅁ	ㅁ	ㅁ	ㅁ	ㅁ
ㅁ	ㅁ	ㅁ	ㅁ	ㅁ	ㅁ	ㅁ	ㅁ	ㅁ	ㅁ	ㅁ	ㅁ	ㅁ	ㅁ
ㅁ	ㅁ	ㅁ	ㅁ	ㅁ	ㅁ	ㅁ	ㅁ	ㅁ	ㅁ	ㅁ	ㅁ	ㅁ	ㅁ

직접 써 보기

자음 기본 비읍자 바르게 쓰기(연습 6)

[정자체로 바르게 쓰기] [ㅂ] 자음쓰기 연필로 중첩하여 써보기 훈련단계

ㅂ	ㅂ	ㅂ	ㅂ	ㅂ	ㅂ	ㅂ	ㅂ	ㅂ	ㅂ	ㅂ	ㅂ	ㅂ	ㅂ
ㅂ	ㅂ	ㅂ	ㅂ	ㅂ	ㅂ	ㅂ	ㅂ	ㅂ	ㅂ	ㅂ	ㅂ	ㅂ	ㅂ
ㅂ	ㅂ	ㅂ	ㅂ	ㅂ	ㅂ	ㅂ	ㅂ	ㅂ	ㅂ	ㅂ	ㅂ	ㅂ	ㅂ
ㅂ	ㅂ	ㅂ	ㅂ	ㅂ	ㅂ	ㅂ	ㅂ	ㅂ	ㅂ	ㅂ	ㅂ	ㅂ	ㅂ
ㅂ	ㅂ	ㅂ	ㅂ	ㅂ	ㅂ	ㅂ	ㅂ	ㅂ	ㅂ	ㅂ	ㅂ	ㅂ	ㅂ
ㅂ	ㅂ	ㅂ	ㅂ	ㅂ	ㅂ	ㅂ	ㅂ	ㅂ	ㅂ	ㅂ	ㅂ	ㅂ	ㅂ
ㅂ	ㅂ	ㅂ	ㅂ	ㅂ	ㅂ	ㅂ	ㅂ	ㅂ	ㅂ	ㅂ	ㅂ	ㅂ	ㅂ
ㅂ	ㅂ	ㅂ	ㅂ	ㅂ	ㅂ	ㅂ	ㅂ	ㅂ	ㅂ	ㅂ	ㅂ	ㅂ	ㅂ
ㅂ	ㅂ	ㅂ	ㅂ	ㅂ	ㅂ	ㅂ	ㅂ	ㅂ	ㅂ	ㅂ	ㅂ	ㅂ	ㅂ
ㅂ	ㅂ	ㅂ	ㅂ	ㅂ	ㅂ	ㅂ	ㅂ	ㅂ	ㅂ	ㅂ	ㅂ	ㅂ	ㅂ
ㅂ	ㅂ	ㅂ	ㅂ	ㅂ	ㅂ	ㅂ	ㅂ	ㅂ	ㅂ	ㅂ	ㅂ	ㅂ	ㅂ
ㅂ	ㅂ	ㅂ	ㅂ	ㅂ	ㅂ	ㅂ	ㅂ	ㅂ	ㅂ	ㅂ	ㅂ	ㅂ	ㅂ
ㅂ	ㅂ	ㅂ	ㅂ	ㅂ	ㅂ	ㅂ	ㅂ	ㅂ	ㅂ	ㅂ	ㅂ	ㅂ	ㅂ
ㅂ	ㅂ	ㅂ	ㅂ	ㅂ	ㅂ	ㅂ	ㅂ	ㅂ	ㅂ	ㅂ	ㅂ	ㅂ	ㅂ
ㅂ	ㅂ	ㅂ	ㅂ	ㅂ	ㅂ	ㅂ	ㅂ	ㅂ	ㅂ	ㅂ	ㅂ	ㅂ	ㅂ

직접 써 보기

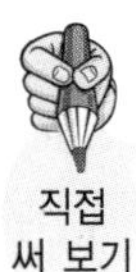

직접 써 보기

자음 기본 시옷자 바르게 쓰기(연습 7)

[정자체로 바르게 쓰기] [ㅅ] 자음쓰기 연필로 중첩하여 써보기 훈련단계

ㅅ ㅅ ㅅ ㅅ ㅅ ㅅ ㅅ ㅅ ㅅ ㅅ ㅅ ㅅ ㅅ ㅅ
ㅅ ㅅ ㅅ ㅅ ㅅ ㅅ ㅅ ㅅ ㅅ ㅅ ㅅ ㅅ ㅅ ㅅ

ㅅ ㅅ ㅅ ㅅ ㅅ ㅅ ㅅ ㅅ ㅅ ㅅ ㅅ ㅅ ㅅ ㅅ
ㅅ ㅅ ㅅ ㅅ ㅅ ㅅ ㅅ ㅅ ㅅ ㅅ ㅅ ㅅ ㅅ ㅅ

ㅅ ㅅ ㅅ ㅅ ㅅ ㅅ ㅅ ㅅ ㅅ ㅅ ㅅ ㅅ ㅅ ㅅ
ㅅ ㅅ ㅅ ㅅ ㅅ ㅅ ㅅ ㅅ ㅅ ㅅ ㅅ ㅅ ㅅ ㅅ

ㅅ ㅅ ㅅ ㅅ ㅅ ㅅ ㅅ ㅅ ㅅ ㅅ ㅅ ㅅ ㅅ ㅅ

ㅅ ㅅ ㅅ ㅅ ㅅ ㅅ ㅅ ㅅ ㅅ ㅅ ㅅ ㅅ ㅅ ㅅ
ㅅ ㅅ ㅅ ㅅ ㅅ ㅅ ㅅ ㅅ ㅅ ㅅ ㅅ ㅅ ㅅ ㅅ

ㅅ ㅅ ㅅ ㅅ ㅅ ㅅ ㅅ ㅅ ㅅ ㅅ ㅅ ㅅ ㅅ ㅅ
ㅅ ㅅ ㅅ ㅅ ㅅ ㅅ ㅅ ㅅ ㅅ ㅅ ㅅ ㅅ ㅅ ㅅ

ㅅ ㅅ ㅅ ㅅ ㅅ ㅅ ㅅ ㅅ ㅅ ㅅ ㅅ ㅅ ㅅ ㅅ
ㅅ ㅅ ㅅ ㅅ ㅅ ㅅ ㅅ ㅅ ㅅ ㅅ ㅅ ㅅ ㅅ ㅅ

ㅅ ㅅ ㅅ ㅅ ㅅ ㅅ ㅅ ㅅ ㅅ ㅅ ㅅ ㅅ ㅅ ㅅ
ㅅ ㅅ ㅅ ㅅ ㅅ ㅅ ㅅ ㅅ ㅅ ㅅ ㅅ ㅅ ㅅ ㅅ

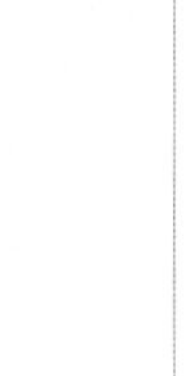

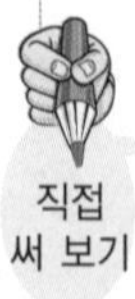

직접 써 보기

자음 기본 ㅇ자 바르게 쓰기(연습 8)

[정자체로 바르게 쓰기] [ㅇ] 자음쓰기 연필로 중첩하여 써보기 훈련단계

ㅇ ㅇ ㅇ ㅇ ㅇ ㅇ ㅇ ㅇ ㅇ ㅇ ㅇ ㅇ ㅇ ㅇ
ㅇ ㅇ ㅇ ㅇ ㅇ ㅇ ㅇ ㅇ ㅇ ㅇ ㅇ ㅇ ㅇ ㅇ
ㅇ ㅇ ㅇ ㅇ ㅇ ㅇ ㅇ ㅇ ㅇ ㅇ ㅇ ㅇ ㅇ ㅇ
ㅇ ㅇ ㅇ ㅇ ㅇ ㅇ ㅇ ㅇ ㅇ ㅇ ㅇ ㅇ ㅇ ㅇ
ㅇ ㅇ ㅇ ㅇ ㅇ ㅇ ㅇ ㅇ ㅇ ㅇ ㅇ ㅇ ㅇ ㅇ
ㅇ ㅇ ㅇ ㅇ ㅇ ㅇ ㅇ ㅇ ㅇ ㅇ ㅇ ㅇ ㅇ ㅇ
ㅇ ㅇ ㅇ ㅇ ㅇ ㅇ ㅇ ㅇ ㅇ ㅇ ㅇ ㅇ ㅇ ㅇ

직접 써보기 →

ㅇ ㅇ ㅇ ㅇ ㅇ ㅇ ㅇ ㅇ ㅇ ㅇ ㅇ ㅇ ㅇ ㅇ
ㅇ ㅇ ㅇ ㅇ ㅇ ㅇ ㅇ ㅇ ㅇ ㅇ ㅇ ㅇ ㅇ ㅇ
ㅇ ㅇ ㅇ ㅇ ㅇ ㅇ ㅇ ㅇ ㅇ ㅇ ㅇ ㅇ ㅇ ㅇ
ㅇ ㅇ ㅇ ㅇ ㅇ ㅇ ㅇ ㅇ ㅇ ㅇ ㅇ ㅇ ㅇ ㅇ
ㅇ ㅇ ㅇ ㅇ ㅇ ㅇ ㅇ ㅇ ㅇ ㅇ ㅇ ㅇ ㅇ ㅇ
ㅇ ㅇ ㅇ ㅇ ㅇ ㅇ ㅇ ㅇ ㅇ ㅇ ㅇ ㅇ ㅇ ㅇ
ㅇ ㅇ ㅇ ㅇ ㅇ ㅇ ㅇ ㅇ ㅇ ㅇ ㅇ ㅇ ㅇ ㅇ
ㅇ ㅇ ㅇ ㅇ ㅇ ㅇ ㅇ ㅇ ㅇ ㅇ ㅇ ㅇ ㅇ ㅇ

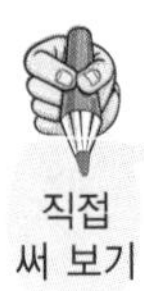

직접 써 보기

자음 기본 지읒자 바르게 쓰기(연습 9)

[정자체로 바르게 쓰기] [ㅈ] 자음쓰기 연필로 중첩하여 써보기 훈련단계

ㅈ ㅈ ㅈ ㅈ ㅈ ㅈ ㅈ ㅈ ㅈ ㅈ ㅈ ㅈ ㅈ ㅈ
ㅈ ㅈ ㅈ ㅈ ㅈ ㅈ ㅈ ㅈ ㅈ ㅈ ㅈ ㅈ ㅈ ㅈ

ㅈ ㅈ ㅈ ㅈ ㅈ ㅈ ㅈ ㅈ ㅈ ㅈ ㅈ ㅈ ㅈ ㅈ
ㅈ ㅈ ㅈ ㅈ ㅈ ㅈ ㅈ ㅈ ㅈ ㅈ ㅈ ㅈ ㅈ ㅈ

ㅈ ㅈ ㅈ ㅈ ㅈ ㅈ ㅈ ㅈ ㅈ ㅈ ㅈ ㅈ ㅈ ㅈ
ㅈ ㅈ ㅈ ㅈ ㅈ ㅈ ㅈ ㅈ ㅈ ㅈ ㅈ ㅈ ㅈ ㅈ

ㅈ ㅈ ㅈ ㅈ ㅈ ㅈ ㅈ ㅈ ㅈ ㅈ ㅈ ㅈ ㅈ ㅈ

제1장

직접 써보기

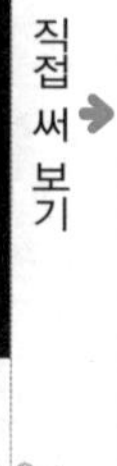

ㅈ ㅈ ㅈ ㅈ ㅈ ㅈ ㅈ ㅈ ㅈ ㅈ ㅈ ㅈ ㅈ ㅈ
ㅈ ㅈ ㅈ ㅈ ㅈ ㅈ ㅈ ㅈ ㅈ ㅈ ㅈ ㅈ ㅈ ㅈ

ㅈ ㅈ ㅈ ㅈ ㅈ ㅈ ㅈ ㅈ ㅈ ㅈ ㅈ ㅈ ㅈ ㅈ
ㅈ ㅈ ㅈ ㅈ ㅈ ㅈ ㅈ ㅈ ㅈ ㅈ ㅈ ㅈ ㅈ ㅈ

ㅈ ㅈ ㅈ ㅈ ㅈ ㅈ ㅈ ㅈ ㅈ ㅈ ㅈ ㅈ ㅈ ㅈ
ㅈ ㅈ ㅈ ㅈ ㅈ ㅈ ㅈ ㅈ ㅈ ㅈ ㅈ ㅈ ㅈ ㅈ

ㅈ ㅈ ㅈ ㅈ ㅈ ㅈ ㅈ ㅈ ㅈ ㅈ ㅈ ㅈ ㅈ ㅈ
ㅈ ㅈ ㅈ ㅈ ㅈ ㅈ ㅈ ㅈ ㅈ ㅈ ㅈ ㅈ ㅈ ㅈ

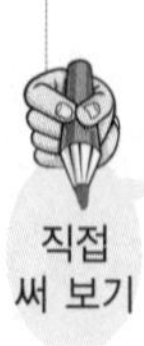

직접 써 보기

자음 기본 치읓자 바르게 쓰기(연습 10)

[정자체로 바르게 쓰기] [ㅊ] 자음쓰기 연필로 중첩하여 써보기 훈련단계

ㅊ ㅊ ㅊ ㅊ ㅊ ㅊ ㅊ ㅊ ㅊ ㅊ ㅊ ㅊ ㅊ ㅊ
ㅊ ㅊ ㅊ ㅊ ㅊ ㅊ ㅊ ㅊ ㅊ ㅊ ㅊ ㅊ ㅊ ㅊ
ㅊ ㅊ ㅊ ㅊ ㅊ ㅊ ㅊ ㅊ ㅊ ㅊ ㅊ ㅊ ㅊ ㅊ
ㅊ ㅊ ㅊ ㅊ ㅊ ㅊ ㅊ ㅊ ㅊ ㅊ ㅊ ㅊ ㅊ ㅊ
ㅊ ㅊ ㅊ ㅊ ㅊ ㅊ ㅊ ㅊ ㅊ ㅊ ㅊ ㅊ ㅊ ㅊ
ㅊ ㅊ ㅊ ㅊ ㅊ ㅊ ㅊ ㅊ ㅊ ㅊ ㅊ ㅊ ㅊ ㅊ
ㅊ ㅊ ㅊ ㅊ ㅊ ㅊ ㅊ ㅊ ㅊ ㅊ ㅊ ㅊ ㅊ ㅊ

직접 써보기

ㅊ ㅊ ㅊ ㅊ ㅊ ㅊ ㅊ ㅊ ㅊ ㅊ ㅊ ㅊ ㅊ ㅊ
ㅊ ㅊ ㅊ ㅊ ㅊ ㅊ ㅊ ㅊ ㅊ ㅊ ㅊ ㅊ ㅊ ㅊ
ㅊ ㅊ ㅊ ㅊ ㅊ ㅊ ㅊ ㅊ ㅊ ㅊ ㅊ ㅊ ㅊ ㅊ
ㅊ ㅊ ㅊ ㅊ ㅊ ㅊ ㅊ ㅊ ㅊ ㅊ ㅊ ㅊ ㅊ ㅊ
ㅊ ㅊ ㅊ ㅊ ㅊ ㅊ ㅊ ㅊ ㅊ ㅊ ㅊ ㅊ ㅊ ㅊ
ㅊ ㅊ ㅊ ㅊ ㅊ ㅊ ㅊ ㅊ ㅊ ㅊ ㅊ ㅊ ㅊ ㅊ
ㅊ ㅊ ㅊ ㅊ ㅊ ㅊ ㅊ ㅊ ㅊ ㅊ ㅊ ㅊ ㅊ ㅊ
ㅊ ㅊ ㅊ ㅊ ㅊ ㅊ ㅊ ㅊ ㅊ ㅊ ㅊ ㅊ ㅊ ㅊ

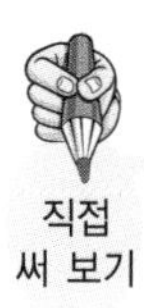

직접 써 보기

자음 기본 키읔자 바르게 쓰기(연습 11)

[정자체로 바르게 쓰기] [ㅋ] 자음쓰기 연필로 중첩하여 써보기 훈련단계

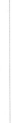

ㅋ ㅋ ㅋ ㅋ ㅋ ㅋ ㅋ ㅋ ㅋ ㅋ ㅋ ㅋ ㅋ ㅋ
ㅋ ㅋ ㅋ ㅋ ㅋ ㅋ ㅋ ㅋ ㅋ ㅋ ㅋ ㅋ ㅋ ㅋ

ㅋ ㅋ ㅋ ㅋ ㅋ ㅋ ㅋ ㅋ ㅋ ㅋ ㅋ ㅋ ㅋ ㅋ
ㅋ ㅋ ㅋ ㅋ ㅋ ㅋ ㅋ ㅋ ㅋ ㅋ ㅋ ㅋ ㅋ ㅋ

ㅋ ㅋ ㅋ ㅋ ㅋ ㅋ ㅋ ㅋ ㅋ ㅋ ㅋ ㅋ ㅋ ㅋ
ㅋ ㅋ ㅋ ㅋ ㅋ ㅋ ㅋ ㅋ ㅋ ㅋ ㅋ ㅋ ㅋ ㅋ

ㅋ ㅋ ㅋ ㅋ ㅋ ㅋ ㅋ ㅋ ㅋ ㅋ ㅋ ㅋ ㅋ ㅋ

제1장 직접 써 보기

ㅋ ㅋ ㅋ ㅋ ㅋ ㅋ ㅋ ㅋ ㅋ ㅋ ㅋ ㅋ ㅋ ㅋ
ㅋ ㅋ ㅋ ㅋ ㅋ ㅋ ㅋ ㅋ ㅋ ㅋ ㅋ ㅋ ㅋ ㅋ

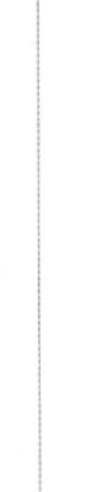

ㅋ ㅋ ㅋ ㅋ ㅋ ㅋ ㅋ ㅋ ㅋ ㅋ ㅋ ㅋ ㅋ ㅋ
ㅋ ㅋ ㅋ ㅋ ㅋ ㅋ ㅋ ㅋ ㅋ ㅋ ㅋ ㅋ ㅋ ㅋ

ㅋ ㅋ ㅋ ㅋ ㅋ ㅋ ㅋ ㅋ ㅋ ㅋ ㅋ ㅋ ㅋ ㅋ
ㅋ ㅋ ㅋ ㅋ ㅋ ㅋ ㅋ ㅋ ㅋ ㅋ ㅋ ㅋ ㅋ ㅋ

ㅋ ㅋ ㅋ ㅋ ㅋ ㅋ ㅋ ㅋ ㅋ ㅋ ㅋ ㅋ ㅋ ㅋ
ㅋ ㅋ ㅋ ㅋ ㅋ ㅋ ㅋ ㅋ ㅋ ㅋ ㅋ ㅋ ㅋ ㅋ

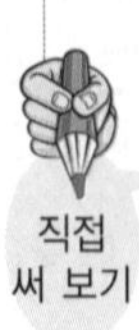

직접 써 보기

자음 기본 티읕자 바르게 쓰기(연습 12)

[정자체로 바르게 쓰기] [ㅌ] 자음쓰기 연필로 중첩하여 써보기 훈련단계

ㅌ	ㅌ	ㅌ	ㅌ	ㅌ	ㅌ	ㅌ	ㅌ	ㅌ	ㅌ	ㅌ	ㅌ	ㅌ	ㅌ
ㅌ	ㅌ	ㅌ	ㅌ	ㅌ	ㅌ	ㅌ	ㅌ	ㅌ	ㅌ	ㅌ	ㅌ	ㅌ	ㅌ
ㅌ	ㅌ	ㅌ	ㅌ	ㅌ	ㅌ	ㅌ	ㅌ	ㅌ	ㅌ	ㅌ	ㅌ	ㅌ	ㅌ
ㅌ	ㅌ	ㅌ	ㅌ	ㅌ	ㅌ	ㅌ	ㅌ	ㅌ	ㅌ	ㅌ	ㅌ	ㅌ	ㅌ
ㅌ	ㅌ	ㅌ	ㅌ	ㅌ	ㅌ	ㅌ	ㅌ	ㅌ	ㅌ	ㅌ	ㅌ	ㅌ	ㅌ
ㅌ	ㅌ	ㅌ	ㅌ	ㅌ	ㅌ	ㅌ	ㅌ	ㅌ	ㅌ	ㅌ	ㅌ	ㅌ	ㅌ
ㅌ	ㅌ	ㅌ	ㅌ	ㅌ	ㅌ	ㅌ	ㅌ	ㅌ	ㅌ	ㅌ	ㅌ	ㅌ	ㅌ
ㅌ	ㅌ	ㅌ	ㅌ	ㅌ	ㅌ	ㅌ	ㅌ	ㅌ	ㅌ	ㅌ	ㅌ	ㅌ	ㅌ
ㅌ	ㅌ	ㅌ	ㅌ	ㅌ	ㅌ	ㅌ	ㅌ	ㅌ	ㅌ	ㅌ	ㅌ	ㅌ	ㅌ
ㅌ	ㅌ	ㅌ	ㅌ	ㅌ	ㅌ	ㅌ	ㅌ	ㅌ	ㅌ	ㅌ	ㅌ	ㅌ	ㅌ
ㅌ	ㅌ	ㅌ	ㅌ	ㅌ	ㅌ	ㅌ	ㅌ	ㅌ	ㅌ	ㅌ	ㅌ	ㅌ	ㅌ
ㅌ	ㅌ	ㅌ	ㅌ	ㅌ	ㅌ	ㅌ	ㅌ	ㅌ	ㅌ	ㅌ	ㅌ	ㅌ	ㅌ
ㅌ	ㅌ	ㅌ	ㅌ	ㅌ	ㅌ	ㅌ	ㅌ	ㅌ	ㅌ	ㅌ	ㅌ	ㅌ	ㅌ
ㅌ	ㅌ	ㅌ	ㅌ	ㅌ	ㅌ	ㅌ	ㅌ	ㅌ	ㅌ	ㅌ	ㅌ	ㅌ	ㅌ
ㅌ	ㅌ	ㅌ	ㅌ	ㅌ	ㅌ	ㅌ	ㅌ	ㅌ	ㅌ	ㅌ	ㅌ	ㅌ	ㅌ

직접 써 보기 →

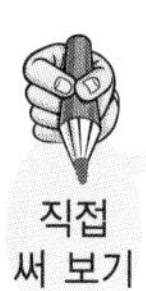

직접 써 보기

자음 기본 ㅍ자 바르게 쓰기(연습 13)

[정자체로 바르게 쓰기] [ㅍ] 자음쓰기 연필로 중첩하여 써보기 훈련단계

ㅍ ㅍ ㅍ ㅍ ㅍ ㅍ ㅍ ㅍ ㅍ ㅍ ㅍ ㅍ ㅍ ㅍ
ㅍ ㅍ ㅍ ㅍ ㅍ ㅍ ㅍ ㅍ ㅍ ㅍ ㅍ ㅍ ㅍ ㅍ
ㅍ ㅍ ㅍ ㅍ ㅍ ㅍ ㅍ ㅍ ㅍ ㅍ ㅍ ㅍ ㅍ ㅍ
ㅍ ㅍ ㅍ ㅍ ㅍ ㅍ ㅍ ㅍ ㅍ ㅍ ㅍ ㅍ ㅍ ㅍ
ㅍ ㅍ ㅍ ㅍ ㅍ ㅍ ㅍ ㅍ ㅍ ㅍ ㅍ ㅍ ㅍ ㅍ
ㅍ ㅍ ㅍ ㅍ ㅍ ㅍ ㅍ ㅍ ㅍ ㅍ ㅍ ㅍ ㅍ ㅍ
ㅍ ㅍ ㅍ ㅍ ㅍ ㅍ ㅍ ㅍ ㅍ ㅍ ㅍ ㅍ ㅍ ㅍ

ㅍ ㅍ ㅍ ㅍ ㅍ ㅍ ㅍ ㅍ ㅍ ㅍ ㅍ ㅍ ㅍ ㅍ
ㅍ ㅍ ㅍ ㅍ ㅍ ㅍ ㅍ ㅍ ㅍ ㅍ ㅍ ㅍ ㅍ ㅍ
ㅍ ㅍ ㅍ ㅍ ㅍ ㅍ ㅍ ㅍ ㅍ ㅍ ㅍ ㅍ ㅍ ㅍ
ㅍ ㅍ ㅍ ㅍ ㅍ ㅍ ㅍ ㅍ ㅍ ㅍ ㅍ ㅍ ㅍ ㅍ
ㅍ ㅍ ㅍ ㅍ ㅍ ㅍ ㅍ ㅍ ㅍ ㅍ ㅍ ㅍ ㅍ ㅍ
ㅍ ㅍ ㅍ ㅍ ㅍ ㅍ ㅍ ㅍ ㅍ ㅍ ㅍ ㅍ ㅍ ㅍ
ㅍ ㅍ ㅍ ㅍ ㅍ ㅍ ㅍ ㅍ ㅍ ㅍ ㅍ ㅍ ㅍ ㅍ
ㅍ ㅍ ㅍ ㅍ ㅍ ㅍ ㅍ ㅍ ㅍ ㅍ ㅍ ㅍ ㅍ ㅍ
ㅍ ㅍ ㅍ ㅍ ㅍ ㅍ ㅍ ㅍ ㅍ ㅍ ㅍ ㅍ ㅍ ㅍ

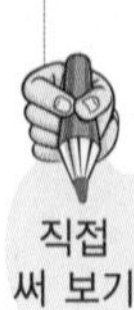

직접 써 보기

자음 기본 히읗자 바르게 쓰기(연습 14)

[정자체로 바르게 쓰기] [ㅎ] 자음쓰기 연필로 중첩하여 써보기 훈련단계

ㅎ	ㅎ	ㅎ	ㅎ	ㅎ	ㅎ	ㅎ	ㅎ	ㅎ	ㅎ	ㅎ	ㅎ	ㅎ	ㅎ
ㅎ	ㅎ	ㅎ	ㅎ	ㅎ	ㅎ	ㅎ	ㅎ	ㅎ	ㅎ	ㅎ	ㅎ	ㅎ	ㅎ
ㅎ	ㅎ	ㅎ	ㅎ	ㅎ	ㅎ	ㅎ	ㅎ	ㅎ	ㅎ	ㅎ	ㅎ	ㅎ	ㅎ
ㅎ	ㅎ	ㅎ	ㅎ	ㅎ	ㅎ	ㅎ	ㅎ	ㅎ	ㅎ	ㅎ	ㅎ	ㅎ	ㅎ
ㅎ	ㅎ	ㅎ	ㅎ	ㅎ	ㅎ	ㅎ	ㅎ	ㅎ	ㅎ	ㅎ	ㅎ	ㅎ	ㅎ
ㅎ	ㅎ	ㅎ	ㅎ	ㅎ	ㅎ	ㅎ	ㅎ	ㅎ	ㅎ	ㅎ	ㅎ	ㅎ	ㅎ
ㅎ	ㅎ	ㅎ	ㅎ	ㅎ	ㅎ	ㅎ	ㅎ	ㅎ	ㅎ	ㅎ	ㅎ	ㅎ	ㅎ
ㅎ	ㅎ	ㅎ	ㅎ	ㅎ	ㅎ	ㅎ	ㅎ	ㅎ	ㅎ	ㅎ	ㅎ	ㅎ	ㅎ
ㅎ	ㅎ	ㅎ	ㅎ	ㅎ	ㅎ	ㅎ	ㅎ	ㅎ	ㅎ	ㅎ	ㅎ	ㅎ	ㅎ
ㅎ	ㅎ	ㅎ	ㅎ	ㅎ	ㅎ	ㅎ	ㅎ	ㅎ	ㅎ	ㅎ	ㅎ	ㅎ	ㅎ
ㅎ	ㅎ	ㅎ	ㅎ	ㅎ	ㅎ	ㅎ	ㅎ	ㅎ	ㅎ	ㅎ	ㅎ	ㅎ	ㅎ
ㅎ	ㅎ	ㅎ	ㅎ	ㅎ	ㅎ	ㅎ	ㅎ	ㅎ	ㅎ	ㅎ	ㅎ	ㅎ	ㅎ
ㅎ	ㅎ	ㅎ	ㅎ	ㅎ	ㅎ	ㅎ	ㅎ	ㅎ	ㅎ	ㅎ	ㅎ	ㅎ	ㅎ
ㅎ	ㅎ	ㅎ	ㅎ	ㅎ	ㅎ	ㅎ	ㅎ	ㅎ	ㅎ	ㅎ	ㅎ	ㅎ	ㅎ
ㅎ	ㅎ	ㅎ	ㅎ	ㅎ	ㅎ	ㅎ	ㅎ	ㅎ	ㅎ	ㅎ	ㅎ	ㅎ	ㅎ

직접 써 보기

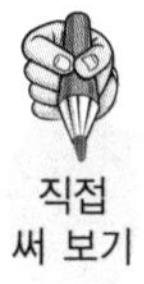

직접 써 보기

정자체로 자음 ㄱ·ㄴ·ㄷ 직접 쓰기연습[1]

＊사각 안 중심 점선에 맞추어 중첩하여 천천히 바르게 써 보세요.

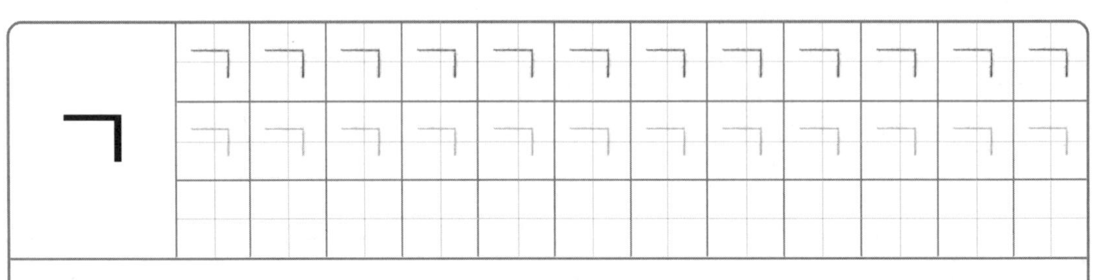

기역 : 가로획을 수평으로 바르게 긋고 이어서 수직으로 꺾어서 똑바로 그어 내려온다.

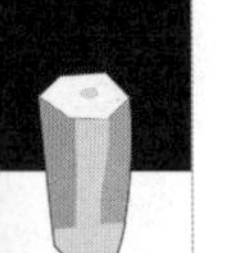

ㄴ

니은 : 수직으로 바르게 내려긋고 이어서 수평으로 꺾어서 가로획을 반듯하게 긋는다.

ㄷ

디귿 : 가로획을 수평으로 반듯하게 긋고 나서 자연스럽게 니은자를 연결하듯 똑바로 이어 긋는다.

정자체로 자음 ㄹ·ㅁ·ㅂ 직접 쓰기연습[2]

*사각 안 중심 점선에 맞추어 중첩하여 천천히 바르게 써 보세요.

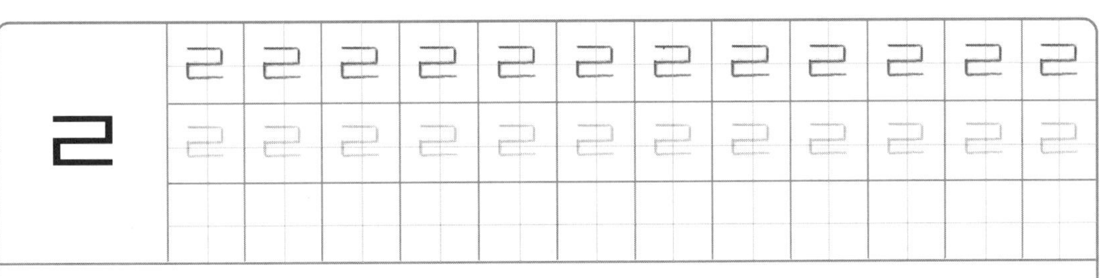

리을 : 기역을 쓰듯이 가로획을 바르게 긋고 수직으로 내려온 후 다시 가로획을 긋고 나서 니은을 쓰듯이 똑바로 연결한다. 이때 위아래 간격이 일치하여야 한다.

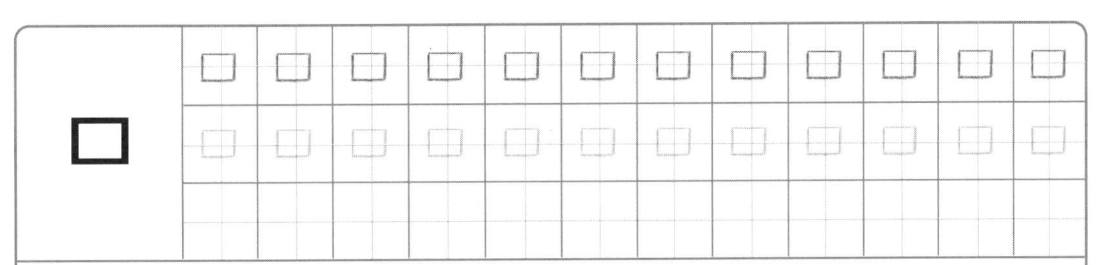

미음 : 세로획을 수직으로 내려 긋고 나서 기역자를 쓰듯이 가로획을 수평으로 긋고 이어서 수직으로 내려 그은 다음 아래 가로획도 수평을 유지하여 마무리한다.

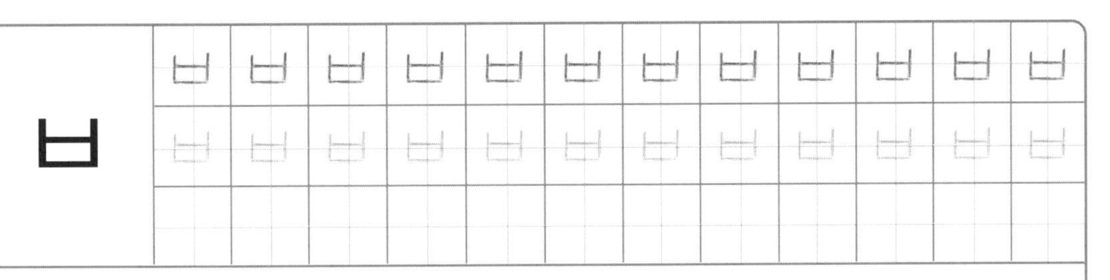

비읍 : 필순과는 조금 다르지만 수직으로 내려 그어 니은자 형식으로 바르게 쓴 다음 ㅓ자를 쓰듯이 가로획을 긋고 이어서 세로획으로 마무리 한다.

정자체로 자음 ㅅ·ㅇ·ㅈ 직접 쓰기연습[3]

*사각 안 중심 점선에 맞추어 중첩하여 천천히 바르게 써 보세요.

ㅅ	ㅅ	ㅅ	ㅅ	ㅅ	ㅅ	ㅅ	ㅅ	ㅅ	ㅅ	ㅅ	ㅅ	ㅅ
	ㅅ	ㅅ	ㅅ	ㅅ	ㅅ	ㅅ	ㅅ	ㅅ	ㅅ	ㅅ	ㅅ	ㅅ

시옷 : [수]자의 경우는 좌측으로 대각선을 삐치어 긋고 나서 ㅅ 3분의 1지점 위쪽 위치에서 우측의 대각선을 이어 바르게 긋는다.

ㅇ	ㅇ	ㅇ	ㅇ	ㅇ	ㅇ	ㅇ	ㅇ	ㅇ	ㅇ	ㅇ	ㅇ	ㅇ
	ㅇ	ㅇ	ㅇ	ㅇ	ㅇ	ㅇ	ㅇ	ㅇ	ㅇ	ㅇ	ㅇ	ㅇ

이응 : 원의 중심선으로부터 시작하여 좌에서 우 방향으로 한 번에 이어서 동그랗게 연결시킨다.

ㅈ	ㅈ	ㅈ	ㅈ	ㅈ	ㅈ	ㅈ	ㅈ	ㅈ	ㅈ	ㅈ	ㅈ	ㅈ
	ㅈ	ㅈ	ㅈ	ㅈ	ㅈ	ㅈ	ㅈ	ㅈ	ㅈ	ㅈ	ㅈ	ㅈ

지읒 : [가]자를 쓰듯이 ㄱ 자를 쓰고 나서 [자 · 주] 자에 따라서 2분의 1지점 또는 위쪽의 3분의 1지점에 우측의 대각선을 이어 긋는다.

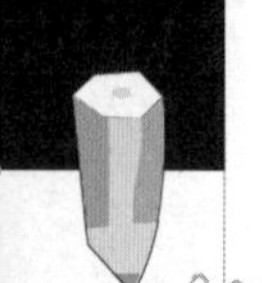

정자체로 자음 ㅊ·ㅋ·ㅌ 직접 쓰기연습[4]

*사각 안 중심 점선에 맞추어 중첩하여 천천히 바르게 써 보세요.

ㅊ

ㅊ ㅊ ㅊ ㅊ ㅊ ㅊ ㅊ ㅊ ㅊ ㅊ ㅊ ㅊ

ㅊ ㅊ ㅊ ㅊ ㅊ ㅊ ㅊ ㅊ ㅊ ㅊ ㅊ ㅊ

치읓 : 가로획을 수평으로 짧게 내려 긋고 나서 ㅈ자 쓰기와 같게 수평을 맞추어 자연스럽게 윗선에 맞추어 바르게 받쳐 쓴다.

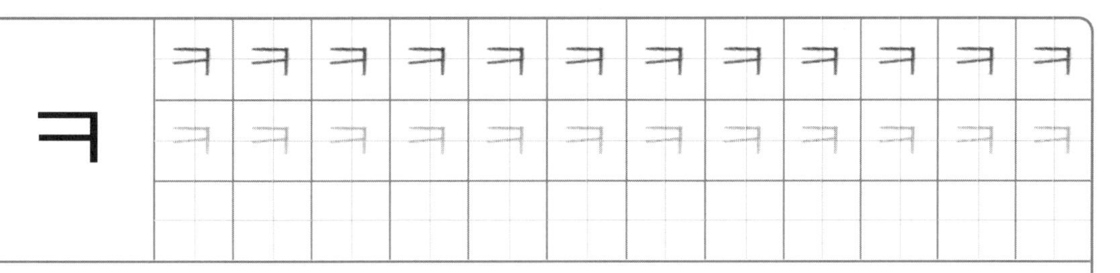

키읔 : [ㄱ]자를 수평에 맞추어 먼저 쓰고 나서 가로획을 가볍게 그어 세로획의 2분에 1지점에 이어 붙인다.

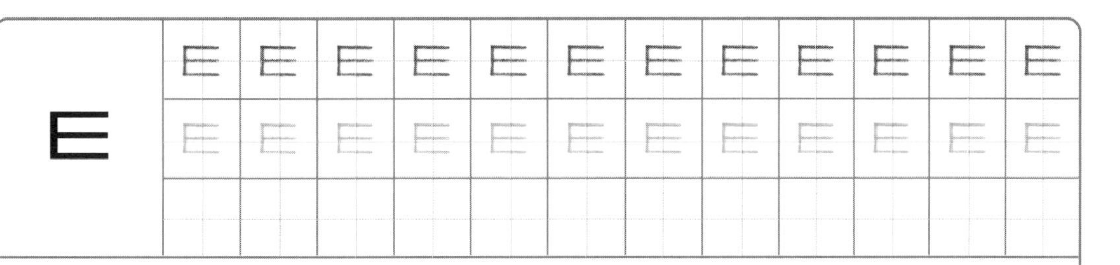

티읕 : 위의 가로획을 먼저 수평으로 긋고 나서 ㄷ자 쓰기와 같은 방법으로 위 수평에 맞추어 아래 간격을 일정하게 하여 쓴다.

정자체로 자음 ㅍ·ㅎ·ㅅ 직접 쓰기연습[5]

*사각 안 중심 점선에 맞추어 중첩하여 천천히 바르게 써 보세요.

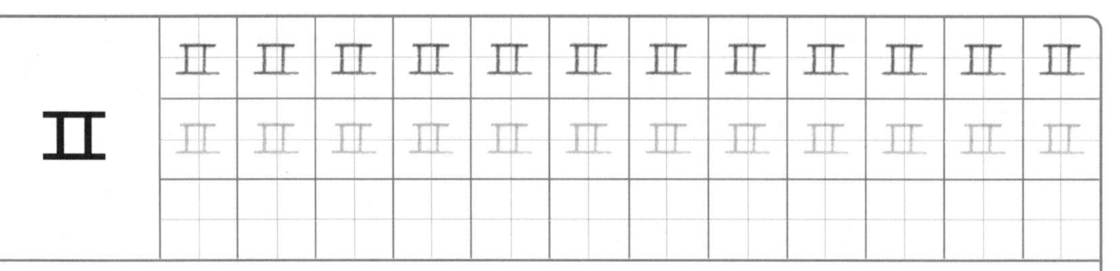

피읖 : 위의 가로획을 수평으로 긋고 나서 세로획은 중심으로부터 좌·우 쪽으로 두 번 수직으로 그은 다음 아래 가로획으로 마무리한다.

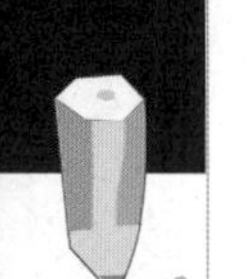

ㅎ

히읗 : 위의 가로획을 수평으로 짧게 내려 긋고 나서 두 번째 가로획은 조금 길게 그은 다음 ㅇ자는 중심에 맞추어 동그랗게 마무리한다.

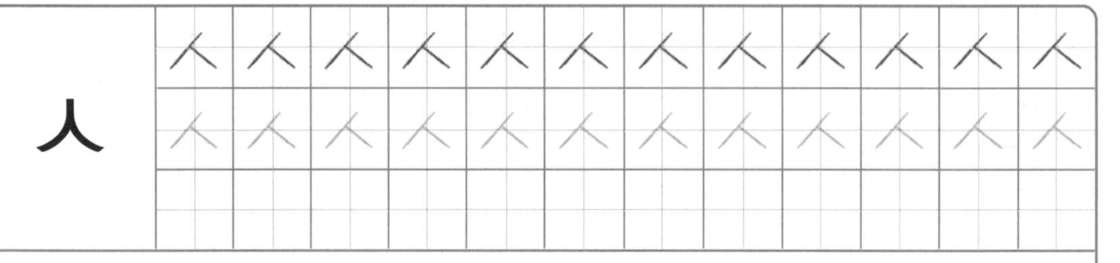

시옷 : [사]자의 경우는 좌측의 대각선을 삐치어 긋고 나서 ㅅ 2분의 1지점 중간에 위치에서 우측의 대각선을 이어 긋는다.

정자체로 쌍자음 ㄲ·ㄸ·ㅃ 겹받침 쓰기연습[1]

*사각 안 중심 점선에 맞추어 중첩하여 천천히 바르게 써 보세요.

[꾸 · 꾼 · 까 · 꺼] 등

ㄲ

ㄲ	ㄲ	ㄲ	ㄲ	ㄲ	ㄲ	ㄲ	ㄲ	ㄲ	ㄲ	ㄲ	ㄲ
ㄲ	ㄲ	ㄲ	ㄲ	ㄲ	ㄲ	ㄲ	ㄲ	ㄲ	ㄲ	ㄲ	ㄲ

쌍기역 : 좌측에 기역을 수평으로 바르게 쓰고 나서 우측에 기역도 같은 방법으로 크기와 위치를 맞추어 나란히 쓴다.

[뜨 · 또 · 뚜 · 따] 등

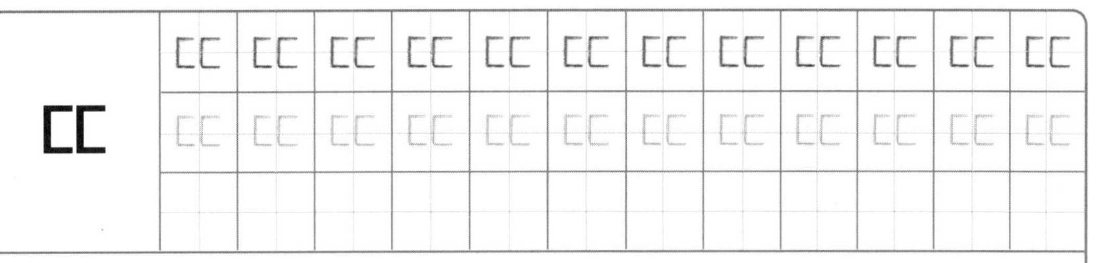

쌍디귿 : 좌측의 디귿을 수평으로 바르게 쓰고 나서 우측의 디귿도 같은 방법으로 크기와 위치를 맞추어 나란히 쓴다.

[뿌 · 뽀 · 삐 · 빠] 등

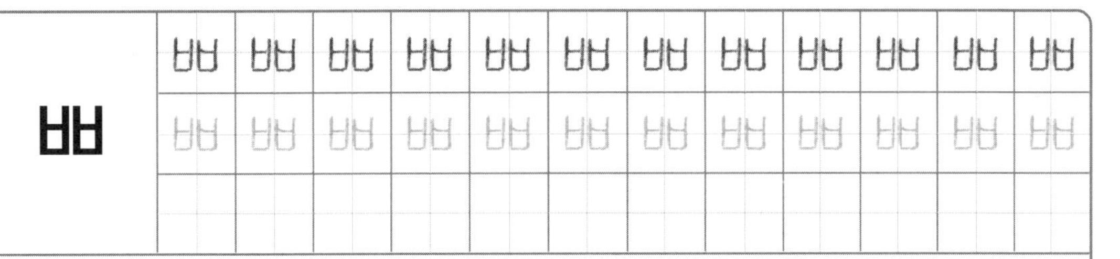

쌍비읍 : 좌측의 비읍을 수평으로 바르게 쓰고 나서 우측의 비읍도 같은 방법으로 크기와 위치를 맞추어 나란히 쓴다.

정자체로 쌍자음 ㅆ·ㅉ·ㄵ 겹받침 쓰기연습[2]

＊사각 안 중심 점선에 맞추어 중첩하여 천천히 바르게 써 보세요.

[싸 · 쑤 · 써 · 쏘] 등

ㅆ	ㅆ	ㅆ	ㅆ	ㅆ	ㅆ	ㅆ	ㅆ	ㅆ	ㅆ	ㅆ	ㅆ	ㅆ
	ㅆ	ㅆ	ㅆ	ㅆ	ㅆ	ㅆ	ㅆ	ㅆ	ㅆ	ㅆ	ㅆ	ㅆ

쌍시옷 : 좌측에 시옷을 수평으로 바르게 쓰고 나서 우측의 시옷도 같은 방법으로 크기와 위치를 맞추어 나란히 쓴다.

[짜 · 찌 · 쭈 · 쪼] 등

ㅉ	ㅈㅈ	ㅈㅈ	ㅈㅈ	ㅈㅈ	ㅈㅈ	ㅈㅈ	ㅈㅈ	ㅈㅈ	ㅈㅈ	ㅈㅈ	ㅈㅈ	ㅈㅈ
	ㅈㅈ	ㅈㅈ	ㅈㅈ	ㅈㅈ	ㅈㅈ	ㅈㅈ	ㅈㅈ	ㅈㅈ	ㅈㅈ	ㅈㅈ	ㅈㅈ	ㅈㅈ

쌍지읒 : 좌측에 지읒을 수평으로 바르게 쓰고 나서 우측의 지읒도 같은 방법으로 크기와 위치를 맞추어 나란히 쓴다.

[앉다]

ㄵ	ㄴㅈ	ㄴㅈ	ㄴㅈ	ㄴㅈ	ㄴㅈ	ㄴㅈ	ㄴㅈ	ㄴㅈ	ㄴㅈ	ㄴㅈ	ㄴㅈ	ㄴㅈ
	ㄴㅈ	ㄴㅈ	ㄴㅈ	ㄴㅈ	ㄴㅈ	ㄴㅈ	ㄴㅈ	ㄴㅈ	ㄴㅈ	ㄴㅈ	ㄴㅈ	ㄴㅈ

ㄴㅈ : 의자에 앉다.
(니은과 지읒을 수평을 맞추어 나란히 겹받침으로 쓴다.)

정자체로 쌍자음 ㄶ · ㄺ · ㄻ 겹받침 쓰기연습[3]

＊사각 안 중심 점선에 맞추어 중첩하여 천천히 바르게 써 보세요.

[않다]

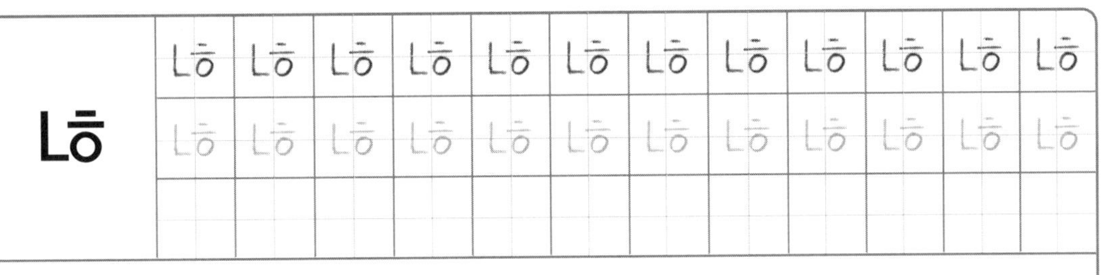

ㄴㅎ : 물건을 사지 않다.
(니은과 히읗을 수평을 맞추어 나란히 겹받침으로 쓴다.)

[맑다]

ㄺ

ㄹㄱ : 날씨가 맑다.
(리을과 기역을 수평을 맞추어 나란히 겹받침으로 쓴다.)

[젊다]

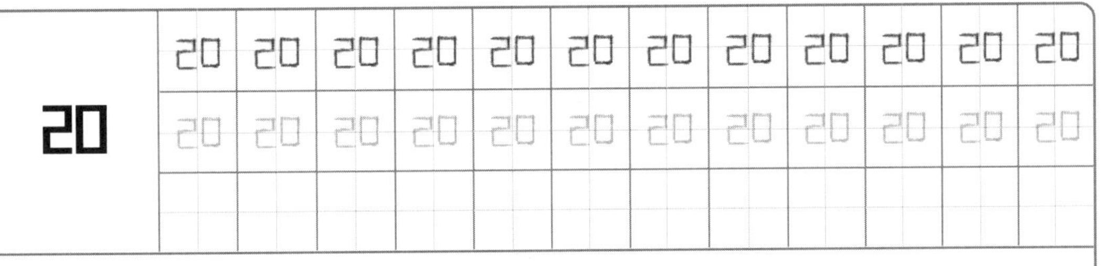

ㄹㅁ : 마음이 젊다.
(리을과 미음을 수평을 맞추어 나란히 겹받침으로 쓴다.)

정자체로 쌍자음 ㄼ · ㅄ · ㄿ 겹받침 쓰기연습[4]

*사각 안 중심 점선에 맞추어 중첩하여 천천히 바르게 써 보세요.

[밟다]

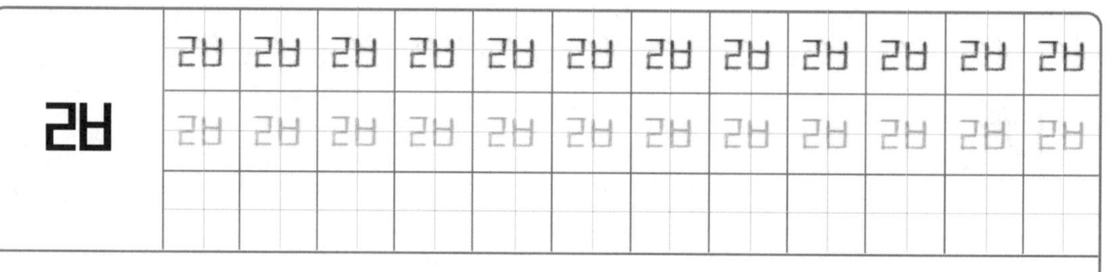

ㄹ ㅂ : 발로 밟다.
(리을과 비읍을 수평을 맞추어 나란히 겹받침으로 쓴다.)

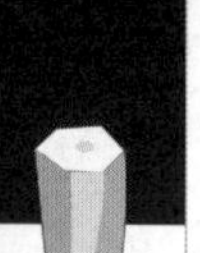

[없다]

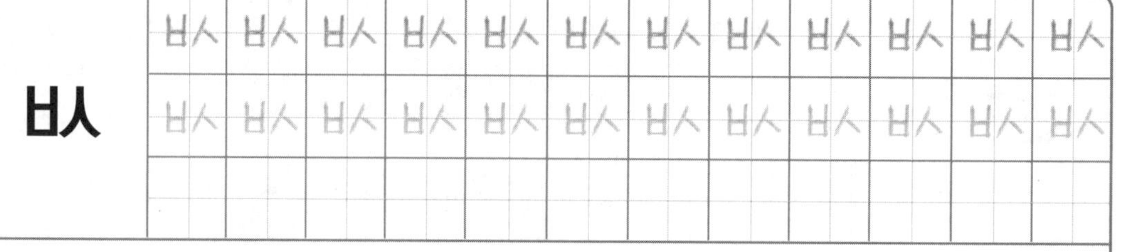

ㅂ ㅅ : 아무도 없다.
(비읍과 시옷을 수평을 맞추어 나란히 겹받침으로 쓴다.)

[읊다]

ㄹㅍ

ㄹㅍ ㄹㅍ ㄹㅍ ㄹㅍ ㄹㅍ ㄹㅍ ㄹㅍ ㄹㅍ ㄹㅍ ㄹㅍ ㄹㅍ ㄹㅍ

ㄹㅍ ㄹㅍ ㄹㅍ ㄹㅍ ㄹㅍ ㄹㅍ ㄹㅍ ㄹㅍ ㄹㅍ ㄹㅍ ㄹㅍ ㄹㅍ

ㄹ ㅍ : 시를 읊다.
(리을과 피읖을 수평을 맞추어 나란히 겹받침으로 쓴다.)

정자체로 모음 ㅏ·ㅑ·ㅓ 직접 쓰기연습[1]

*사각 안 중심 점선에 맞추어 중첩하여 천천히 바르게 써 보세요.

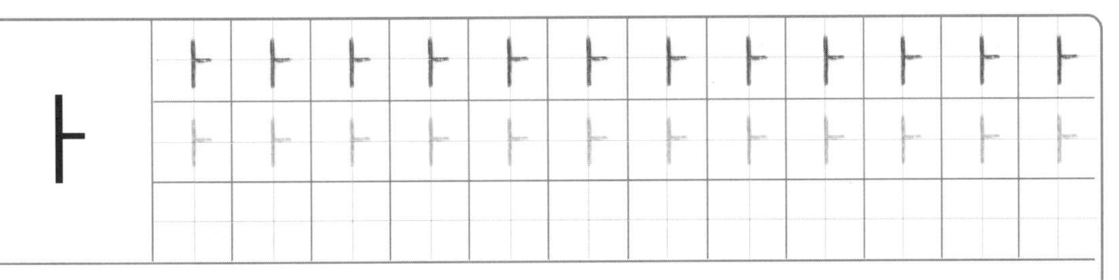

아 : ㅏ자는 수직으로 똑바로 내려긋고 나서 세로의 2분의 1중간 지점에 가로획을 수평으로 바르게 긋는다.

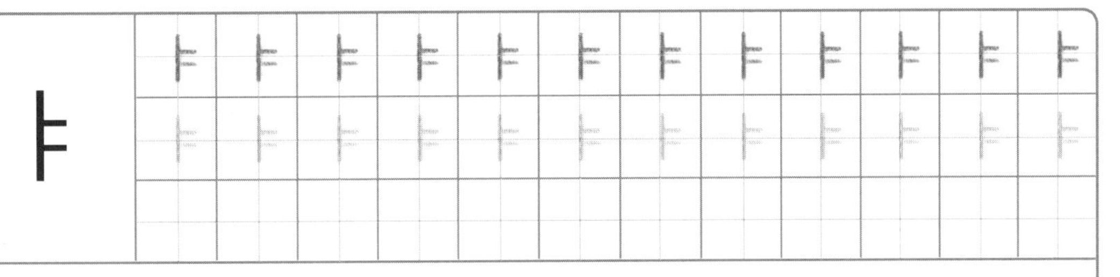

야 : ㅑ자의 세로선을 수직으로 똑바로 내려긋고 나서 세로의 중심으로부터 가로획을 두 번 수평으로 바르게 긋는다.

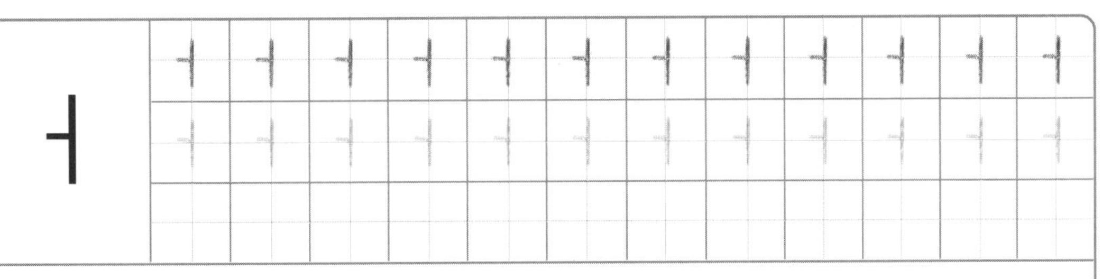

어 : ㅓ자는 가로획을 먼저 수평으로 바르게 긋고 나서 세로획은 수직으로 곧게 내려 긋는다.

정자체로 모음 ㅕ·ㅗ·ㅛ 직접 쓰기연습[2]

＊사각 안 중심 점선에 맞추어 중첩하여 천천히 바르게 써 보세요.

ㅕ

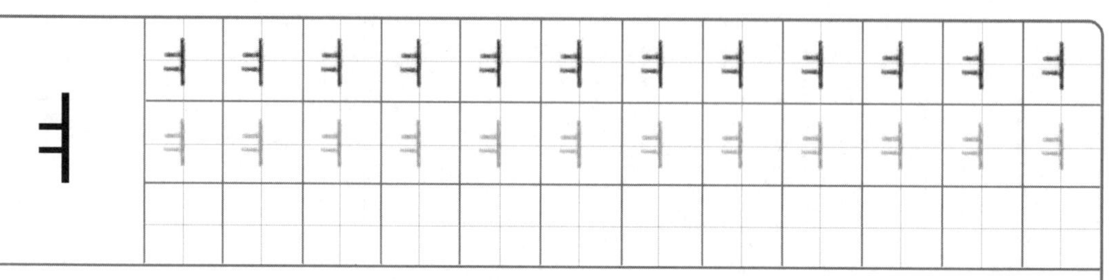

여 : ㅕ자는 중심으로부터 가로획을 먼저 위아래 두 번 수평으로 바르게 긋고 나서 세로획은 수직으로 곧게 내려 긋는다.

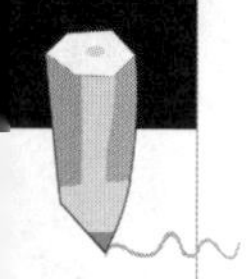

ㅗ

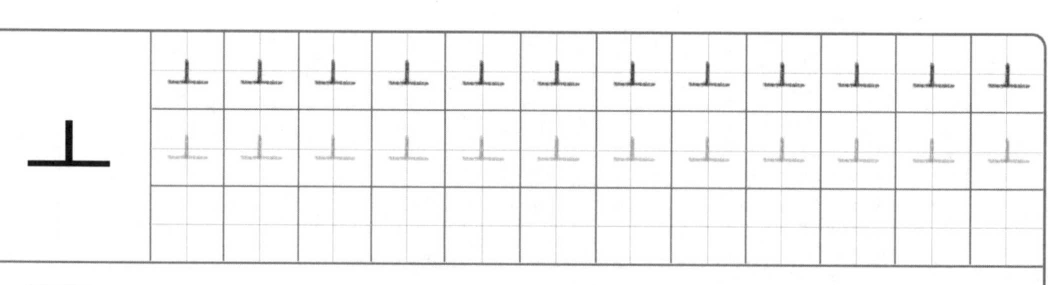

오 : ㅗ자는 중심으로부터 세로획을 수직으로 바르게 긋고 나서 아래 가로획은 수평으로 긋는다.

ㅛ

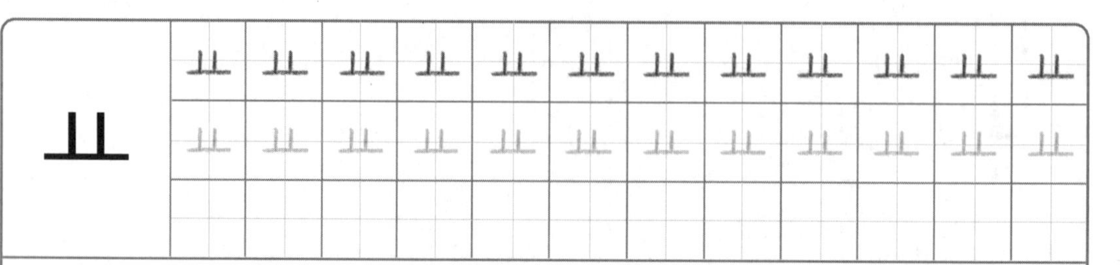

요 : ㅛ자는 중심으로부터 세로획을 짧게 두 번 수직으로 바르게 긋고 나서 가로획은 수평으로 긋는다.

정자체로 모음 ㅜ·ㅠ·ㅐ 직접 쓰기연습[3]

*사각 안 중심 점선에 맞추어 중첩하여 천천히 바르게 써 보세요.

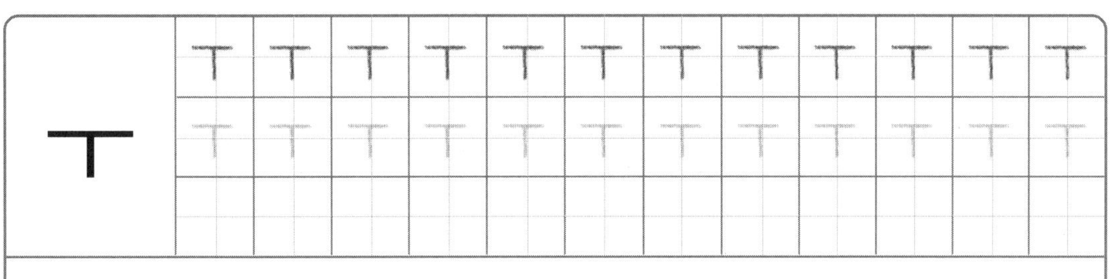

우 : ㅜ자는 가로획을 수평으로 바르게 긋고 나서 세로획은 중심으로 부터 수직으로 곧게 내려 긋는다.

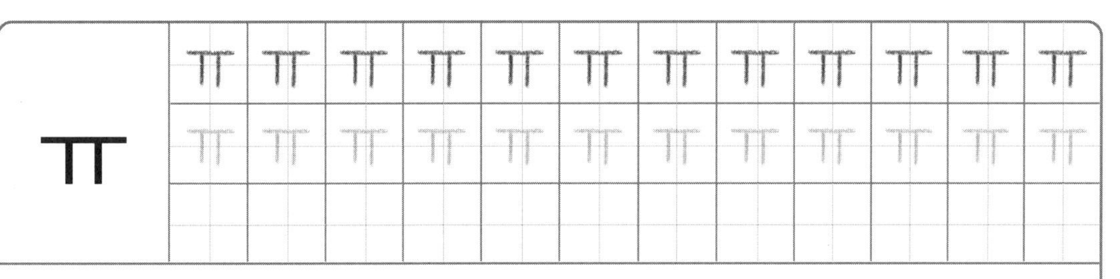

유 : ㅠ자는 가로획을 수평으로 바르게 긋고 나서 세로획은 중심으로 부터 수직으로 두 번 곧게 내려 긋는다.

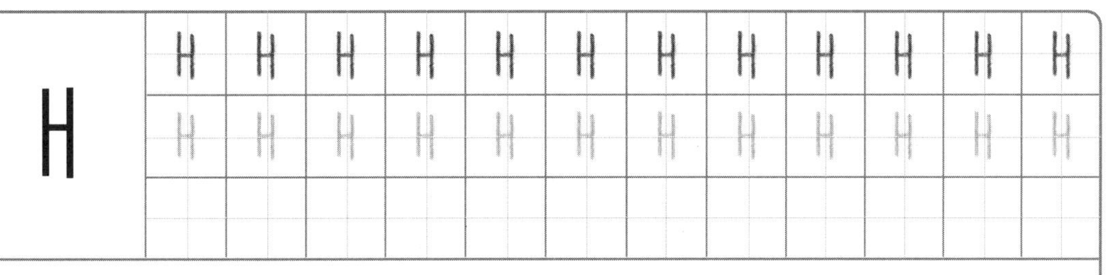

애 : ㅐ자는 세로획을 먼저 수직으로 긋고 나서 가로획은 수평으로 바르게 긋고 다시 세로획을 수직으로 조금 길게 내려 긋는다.

정자체로 모음 ㅒ·ㅔ·ㅖ 직접 쓰기연습[4]

*사각 안 중심 점선에 맞추어 중첩하여 천천히 바르게 써 보세요.

ㅒ

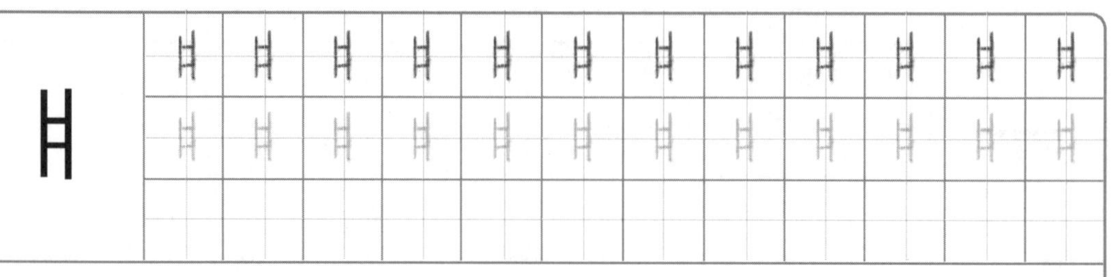

얘 : ㅒ자는 세로획을 먼저 바르게 긋고 나서 가로획은 수평으로 두 번 긋고 다시 세로획을 수직으로 조금 길게 내려 긋는다.

ㅔ

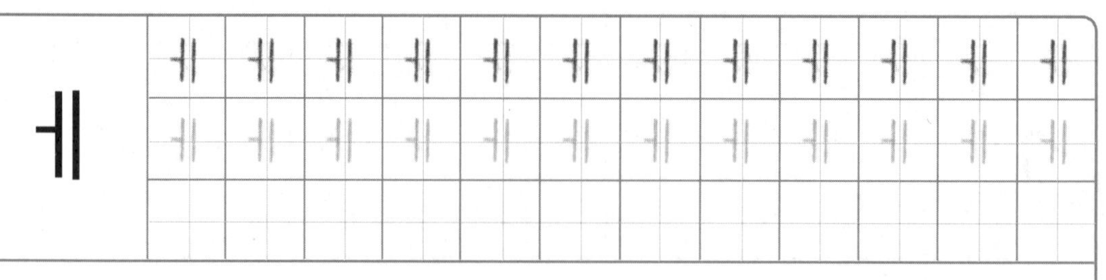

에 : ㅔ자는 중심으로부터 가로획을 수평으로 바르게 긋고 나서 세로 획을 두 번 수직으로 곧게 내려 긋는다.

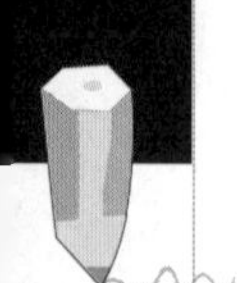

ㅖ

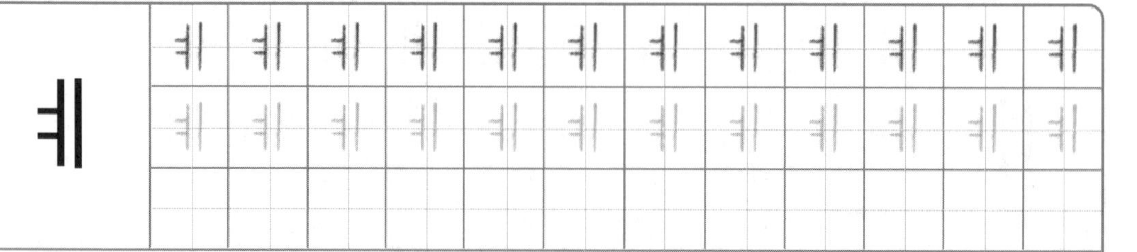

예 : ㅖ자는 중심선으로부터 위아래 같은 간격으로 가로획을 짧게 두 번 수평으로 긋고 나서 세로획은 수직으로 두 번 곧게 내려 긋는다.

정자체로 모음 ㅘ·ㅙ·ㅢ 직접 쓰기연습[5]

*사각 안 중심 점선에 맞추어 중첩하여 천천히 바르게 써 보세요.

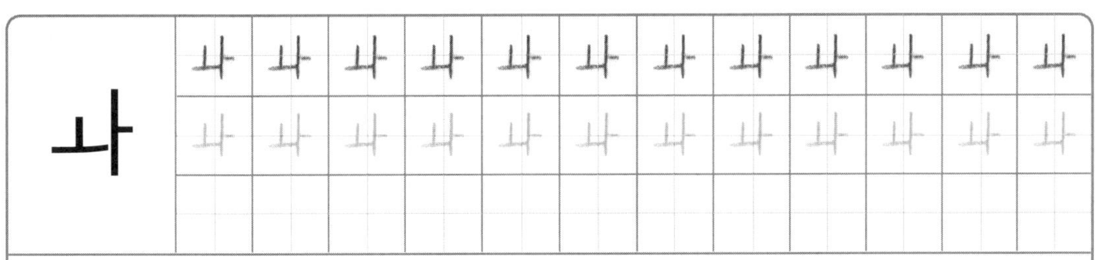

와 : ㅘ자는 세로획을 짧게 수직으로 긋고 나서 가로획은 수평으로 긋고 다음 다시 세로획을 긋고 나서 가로획은 짧게 수평으로 긋는다.

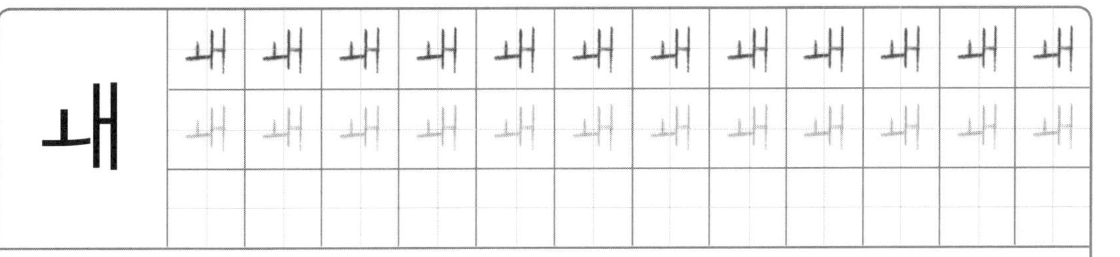

왜 : ㅙ자는 세로획을 짧게 수직으로 긋고 나서 가로획은 수평으로 긋고 다시 세로획을 수직으로 곧게 긋고 가로획도 수평으로 짧게 긋고 세로획은 길게 내려 긋는다.

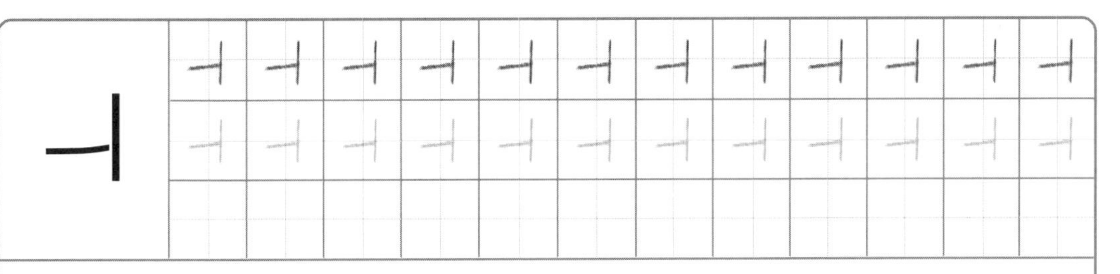

의 : ㅢ자는 중심으로부터 약간 아래쪽에서 가로획을 길게 수평으로 긋고 나서 세로획은 수직으로 곧게 내려 긋는다.

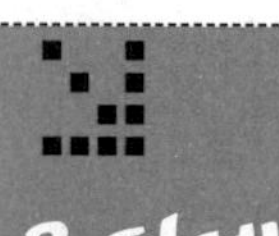

3 단계

아름다운 손글씨 캘리그라피

[극]자 모음 합성 글자 쓰기

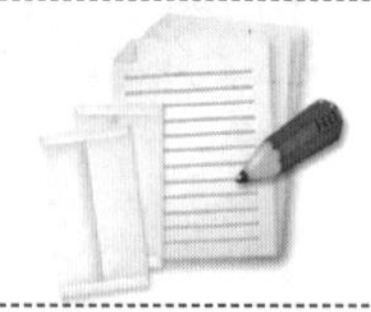

1. [그 +ㄱ= 극] 연필로 글자 위를 중첩하여 써 보세요.

* 극~응까지 자 · 모음 합성글자 정자체로 기초쓰기 연습

극 극 극 극 극 극 극 극 극 극 극
극 극 극 극 극 극 극 극 극 극 극
극 극 극 극 극 극 극 극 극 극 극
극 극 극 극 극 극 극 극 극 극 극
극 극 극 극 극 극 극 극 극 극 극
극 극 극 극 극 극 극 극 극 극 극
극 극 극 극 극 극 극 극 극 극 극

극 극 극 극 극 극 극 극 극 극 극
극 극 극 극 극 극 극 극 극 극 극
극 극 극 극 극 극 극 극 극 극 극
극 극 극 극 극 극 극 극 극 극 극
극 극 극 극 극 극 극 극 극 극 극
극 극 극 극 극 극 극 극 극 극 극
극 극 극 극 극 극 극 극 극 극 극
극 극 극 극 극 극 극 극 극 극 극

제1장

직접 써 보기

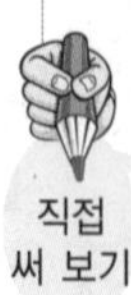

직접 써 보기

[근]자 모음 합성 글자쓰기

2. [ㄱ +ㄴ =근] 연필로 글자 위를 중첩하여 써 보세요.

＊ 극~응까지 자 · 모음 합성글자 정자체로 기초쓰기 연습

근	근	근	근	근	근	근	근	근	근	근
근	근	근	근	근	근	근	근	근	근	근
근	근	근	근	근	근	근	근	근	근	근
근	근	근	근	근	근	근	근	근	근	근
근	근	근	근	근	근	근	근	근	근	근
근	근	근	근	근	근	근	근	근	근	근
근	근	근	근	근	근	근	근	근	근	근
근	근	근	근	근	근	근	근	근	근	근
근	근	근	근	근	근	근	근	근	근	근
근	근	근	근	근	근	근	근	근	근	근
근	근	근	근	근	근	근	근	근	근	근
근	근	근	근	근	근	근	근	근	근	근
근	근	근	근	근	근	근	근	근	근	근
근	근	근	근	근	근	근	근	근	근	근
근	근	근	근	근	근	근	근	근	근	근

직접 써 보기

직접 써 보기

[늑]자 모음 합성 글자쓰기

3. [느 +ㄱ=늑] 연필로 글자 위를 중첩하여 써 보세요.

＊ 극~응까지 자 · 모음 합성글자 정자체로 기초쓰기 연습

늑 늑 늑 늑 늑 늑 늑 늑 늑 늑 늑
늑 늑 늑 늑 늑 늑 늑 늑 늑 늑 늑
늑 늑 늑 늑 늑 늑 늑 늑 늑 늑 늑
늑 늑 늑 늑 늑 늑 늑 늑 늑 늑 늑
늑 늑 늑 늑 늑 늑 늑 늑 늑 늑 늑
늑 늑 늑 늑 늑 늑 늑 늑 늑 늑 늑
늑 늑 늑 늑 늑 늑 늑 늑 늑 늑 늑

늑 늑 늑 늑 늑 늑 늑 늑 늑 늑 늑
늑 늑 늑 늑 늑 늑 늑 늑 늑 늑 늑
늑 늑 늑 늑 늑 늑 늑 늑 늑 늑 늑
늑 늑 늑 늑 늑 늑 늑 늑 늑 늑 늑
늑 늑 늑 늑 늑 늑 늑 늑 늑 늑 늑
늑 늑 늑 늑 늑 늑 늑 늑 늑 늑 늑
늑 늑 늑 늑 늑 늑 늑 늑 늑 늑 늑
늑 늑 늑 늑 늑 늑 늑 늑 늑 늑 늑

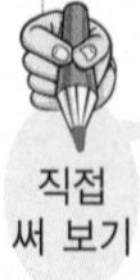

직접 써 보기

[는]자 모음 합성 글자쓰기

4. [느 +ㄴ =는] 연필로 글자 위를 중첩하여 써 보세요.

＊ 극~응까지 자 · 모음 합성글자 정자체로 기초쓰기 연습

는	는	는	는	는	는	는	는	는	는	는
는	는	는	는	는	는	는	는	는	는	는
는	는	는	는	는	는	는	는	는	는	는
는	는	는	는	는	는	는	는	는	는	는
는	는	는	는	는	는	는	는	는	는	는
는	는	는	는	는	는	는	는	는	는	는
는	는	는	는	는	는	는	는	는	는	는
는	는	는	는	는	는	는	는	는	는	는
는	는	는	는	는	는	는	는	는	는	는
는	는	는	는	는	는	는	는	는	는	는
는	는	는	는	는	는	는	는	는	는	는
는	는	는	는	는	는	는	는	는	는	는
는	는	는	는	는	는	는	는	는	는	는
는	는	는	는	는	는	는	는	는	는	는
는	는	는	는	는	는	는	는	는	는	는

직접 써 보기

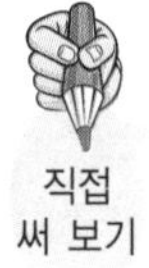

직접 써 보기

[득]자 모음 합성 글자쓰기

5. [드 +ㄱ=득] 연필로 글자 위를 중첩하여 써 보세요.

＊ 극~응까지 자 · 모음 합성글자 정자체로 기초쓰기 연습

득 득 득 득 득 득 득 득 득 득 득
득 득 득 득 득 득 득 득 득 득 득
득 득 득 득 득 득 득 득 득 득 득
득 득 득 득 득 득 득 득 득 득 득
득 득 득 득 득 득 득 득 득 득 득
득 득 득 득 득 득 득 득 득 득 득
득 득 득 득 득 득 득 득 득 득 득

직접 써보기

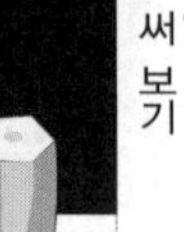

득 득 득 득 득 득 득 득 득 득 득
득 득 득 득 득 득 득 득 득 득 득
득 득 득 득 득 득 득 득 득 득 득
득 득 득 득 득 득 득 득 득 득 득
득 득 득 득 득 득 득 득 득 득 득
득 득 득 득 득 득 득 득 득 득 득
득 득 득 득 득 득 득 득 득 득 득
득 득 득 득 득 득 득 득 득 득 득

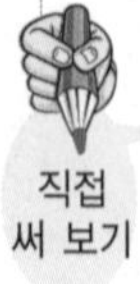

직접 써 보기

[든]자 모음 합성 글자쓰기

6. [드 +ㄴ =든] 연필로 글자 위를 중첩하여 써 보세요.

＊ 극~응까지 자 · 모음 합성글자 정자체로 기초쓰기 연습

든 든 든 든 든 든 든 든 든 든 든
든 든 든 든 든 든 든 든 든 든 든
든 든 든 든 든 든 든 든 든 든 든
든 든 든 든 든 든 든 든 든 든 든
든 든 든 든 든 든 든 든 든 든 든
든 든 든 든 든 든 든 든 든 든 든
든 든 든 든 든 든 든 든 든 든 든

직접 써 보기

든 든 든 든 든 든 든 든 든 든 든
든 든 든 든 든 든 든 든 든 든 든
든 든 든 든 든 든 든 든 든 든 든
든 든 든 든 든 든 든 든 든 든 든
든 든 든 든 든 든 든 든 든 든 든
든 든 든 든 든 든 든 든 든 든 든
든 든 든 든 든 든 든 든 든 든 든
든 든 든 든 든 든 든 든 든 든 든

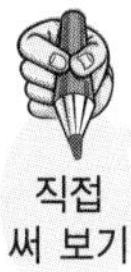

직접 써 보기

[를]자 모음 합성 글자쓰기

7. [르 +ㄹ=를] 연필로 글자 위를 중첩하여 써 보세요.

＊ 극~응까지 자 · 모음 합성글자 정자체로 기초쓰기 연습

를 를 를 를 를 를 를 를 를 를 를
를 를 를 를 를 를 를 를 를 를 를
를 를 를 를 를 를 를 를 를 를 를
를 를 를 를 를 를 를 를 를 를 를
를 를 를 를 를 를 를 를 를 를 를
를 를 를 를 를 를 를 를 를 를 를
를 를 를 를 를 를 를 를 를 를 를

를 를 를 를 를 를 를 를 를 를 를
를 를 를 를 를 를 를 를 를 를 를
를 를 를 를 를 를 를 를 를 를 를
를 를 를 를 를 를 를 를 를 를 를
를 를 를 를 를 를 를 를 를 를 를
를 를 를 를 를 를 를 를 를 를 를
를 를 를 를 를 를 를 를 를 를 를
를 를 를 를 를 를 를 를 를 를 를

직접 써 보기

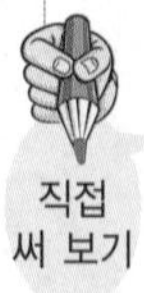

직접 써 보기

[믐]자 모음 합성 글자쓰기

8. [므 +ㅁ=믐] 연필로 글자 위를 중첩하여 써 보세요.

＊ 극~응까지 자 · 모음 합성글자 정자체로 기초쓰기 연습

믐 믐 믐 믐 믐 믐 믐 믐 믐 믐 믐
믐 믐 믐 믐 믐 믐 믐 믐 믐 믐 믐
믐 믐 믐 믐 믐 믐 믐 믐 믐 믐 믐
믐 믐 믐 믐 믐 믐 믐 믐 믐 믐 믐
믐 믐 믐 믐 믐 믐 믐 믐 믐 믐 믐
믐 믐 믐 믐 믐 믐 믐 믐 믐 믐 믐
믐 믐 믐 믐 믐 믐 믐 믐 믐 믐 믐

직접 써 보기

믐 믐 믐 믐 믐 믐 믐 믐 믐 믐 믐
믐 믐 믐 믐 믐 믐 믐 믐 믐 믐 믐
믐 믐 믐 믐 믐 믐 믐 믐 믐 믐 믐
믐 믐 믐 믐 믐 믐 믐 믐 믐 믐 믐
믐 믐 믐 믐 믐 믐 믐 믐 믐 믐 믐
믐 믐 믐 믐 믐 믐 믐 믐 믐 믐 믐
믐 믐 믐 믐 믐 믐 믐 믐 믐 믐 믐
믐 믐 믐 믐 믐 믐 믐 믐 믐 믐 믐

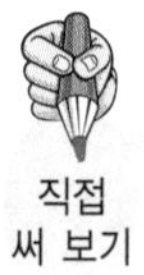

직접 써 보기

[슷]자 모음 합성 글자쓰기

9. [스 +ㅅ =슷] 연필로 글자 위를 중첩하여 써 보세요.

＊ 극~응까지 자 · 모음 합성글자 정자체로 기초쓰기 연습

슷 슷 슷 슷 슷 슷 슷 슷 슷 슷 슷
슷 슷 슷 슷 슷 슷 슷 슷 슷 슷 슷
슷 슷 슷 슷 슷 슷 슷 슷 슷 슷 슷
슷 슷 슷 슷 슷 슷 슷 슷 슷 슷 슷
슷 슷 슷 슷 슷 슷 슷 슷 슷 슷 슷
슷 슷 슷 슷 슷 슷 슷 슷 슷 슷 슷
슷 슷 슷 슷 슷 슷 슷 슷 슷 슷 슷

슷 슷 슷 슷 슷 슷 슷 슷 슷 슷 슷
슷 슷 슷 슷 슷 슷 슷 슷 슷 슷 슷
슷 슷 슷 슷 슷 슷 슷 슷 슷 슷 슷
슷 슷 슷 슷 슷 슷 슷 슷 슷 슷 슷
슷 슷 슷 슷 슷 슷 슷 슷 슷 슷 슷
슷 슷 슷 슷 슷 슷 슷 슷 슷 슷 슷
슷 슷 슷 슷 슷 슷 슷 슷 슷 슷 슷
슷 슷 슷 슷 슷 슷 슷 슷 슷 슷 슷

직접 써 보기

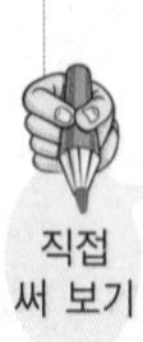

직접 써 보기

[응]자 모음 합성 글자쓰기

10. [으 +ㅇ=응] 연필로 글자 위를 중첩하여 써 보세요.

＊ 극~응까지 자 · 모음 합성글자 정자체로 기초쓰기 연습

응 응 응 응 응 응 응 응 응 응 응
응 응 응 응 응 응 응 응 응 응 응
응 응 응 응 응 응 응 응 응 응 응
응 응 응 응 응 응 응 응 응 응 응
응 응 응 응 응 응 응 응 응 응 응
응 응 응 응 응 응 응 응 응 응 응
응 응 응 응 응 응 응 응 응 응 응

직접 써 보기

응 응 응 응 응 응 응 응 응 응 응
응 응 응 응 응 응 응 응 응 응 응
응 응 응 응 응 응 응 응 응 응 응
응 응 응 응 응 응 응 응 응 응 응
응 응 응 응 응 응 응 응 응 응 응
응 응 응 응 응 응 응 응 응 응 응
응 응 응 응 응 응 응 응 응 응 응
응 응 응 응 응 응 응 응 응 응 응

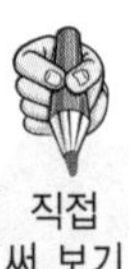

직접 써 보기

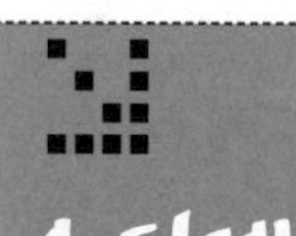

아름다운 손글씨 캘리그라피

4 단계 [가] 한 글자씩 실전 쓰기훈련

[정자체 세로 점선 따라 가자 쓰기연습] 연필로 글자 위를 중첩하여 써 보세요.

*세로 선을 그을 때에는 손목에 힘을 빼고 점선을 따라 가볍게 내려긋는다.

가	가	가	가	가	가	가	가	가	가	가	가	가
가	가	가	가	가	가	가	가	가	가	가	가	가
가	가	가	가	가	가	가	가	가	가	가	가	가
가	가	가	가	가	가	가	가	가	가	가	가	가
가	가	가	가	가	가	가	가	가	가	가	가	가
가	가	가	가	가	가	가	가	가	가	가	가	가
가	가	가	가	가	가	가	가	가	가	가	가	가
가	가	가	가	가	가	가	가	가	가	가	가	가
가	가	가	가	가	가	가	가	가	가	가	가	가
가	가	가	가	가	가	가	가	가	가	가	가	가
가	가	가	가	가	가	가	가	가	가	가	가	가
가	가	가	가	가	가	가	가	가	가	가	가	가
가	가	가	가	가	가	가	가	가	가	가	가	가

직접 써 보기

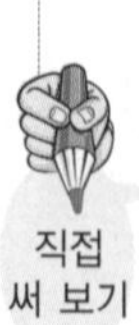

직접 써 보기

[나] 한 글자씩 실전 쓰기훈련

[정자체 세로 점선 따라 나자 쓰기연습] 연필로 글자 위를 중첩하여 써 보세요.

*세로 선을 그을 때에는 손목에 힘을 빼고 점선을 따라 가볍게 내려긋는다.

나 나 나 나 나 나 나 나 나 나 나 나 나
나 나 나 나 나 나 나 나 나 나 나 나 나
나 나 나 나 나 나 나 나 나 나 나 나 나
나 나 나 나 나 나 나 나 나 나 나 나 나
나 나 나 나 나 나 나 나 나 나 나 나 나
나 나 나 나 나 나 나 나 나 나 나 나 나

직접 써 보기

나 나 나 나 나 나 나 나 나 나 나 나 나
나 나 나 나 나 나 나 나 나 나 나 나 나
나 나 나 나 나 나 나 나 나 나 나 나 나
나 나 나 나 나 나 나 나 나 나 나 나 나
나 나 나 나 나 나 나 나 나 나 나 나 나
나 나 나 나 나 나 나 나 나 나 나 나 나
나 나 나 나 나 나 나 나 나 나 나 나 나

직접 써 보기

[다] 한 글자씩 실전 쓰기훈련

[정자체 세로 점선 따라 다자 쓰기연습] 연필로 글자 위를 중첩하여 써 보세요.

＊세로 선을 그을 때에는 손목에 힘을 빼고 점선을 따라 가볍게 내려긋는다.

다	다	다	다	다	다	다	다	다	다	다	다	다
다	다	다	다	다	다	다	다	다	다	다	다	다
다	다	다	다	다	다	다	다	다	다	다	다	다
다	다	다	다	다	다	다	다	다	다	다	다	다
다	다	다	다	다	다	다	다	다	다	다	다	다
다	다	다	다	다	다	다	다	다	다	다	다	다
다	다	다	다	다	다	다	다	다	다	다	다	다
다	다	다	다	다	다	다	다	다	다	다	다	다
다	다	다	다	다	다	다	다	다	다	다	다	다
다	다	다	다	다	다	다	다	다	다	다	다	다
다	다	다	다	다	다	다	다	다	다	다	다	다
다	다	다	다	다	다	다	다	다	다	다	다	다
다	다	다	다	다	다	다	다	다	다	다	다	다

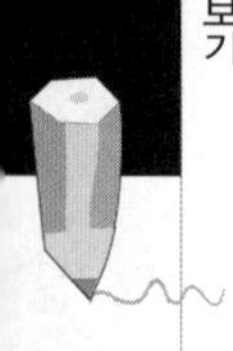

직접 써 보기

직접 써 보기

[라] 한 글자씩 실전 쓰기훈련

[정자체 세로 점선 따라 라자 쓰기연습] 연필로 글자 위를 중첩하여 써 보세요.

*세로 선을 그을 때에는 손목에 힘을 빼고 점선을 따라 가볍게 내려긋는다.

라	라	라	라	라	라	라	라	라	라	라	라	라
라	라	라	라	라	라	라	라	라	라	라	라	라
라	라	라	라	라	라	라	라	라	라	라	라	라
라	라	라	라	라	라	라	라	라	라	라	라	라
라	라	라	라	라	라	라	라	라	라	라	라	라
라	라	라	라	라	라	라	라	라	라	라	라	라
라	라	라	라	라	라	라	라	라	라	라	라	라
라	라	라	라	라	라	라	라	라	라	라	라	라
라	라	라	라	라	라	라	라	라	라	라	라	라
라	라	라	라	라	라	라	라	라	라	라	라	라
라	라	라	라	라	라	라	라	라	라	라	라	라
라	라	라	라	라	라	라	라	라	라	라	라	라
라	라	라	라	라	라	라	라	라	라	라	라	라

직접 써 보기 →

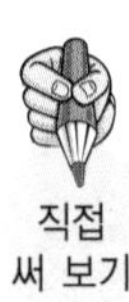

직접 써 보기

[마] 한 글자씩 실전 쓰기훈련

[정자체 세로 점선 따라 마자 쓰기연습] 연필로 글자 위를 중첩하여 써 보세요.
＊세로 선을 그을 때에는 손목에 힘을 빼고 점선을 따라 가볍게 내려긋는다.

마	마	마	마	마	마	마	마	마	마	마	마	마
마	마	마	마	마	마	마	마	마	마	마	마	마
마	마	마	마	마	마	마	마	마	마	마	마	마
마	마	마	마	마	마	마	마	마	마	마	마	마
마	마	마	마	마	마	마	마	마	마	마	마	마
마	마	마	마	마	마	마	마	마	마	마	마	마
마	마	마	마	마	마	마	마	마	마	마	마	마
마	마	마	마	마	마	마	마	마	마	마	마	마
마	마	마	마	마	마	마	마	마	마	마	마	마
마	마	마	마	마	마	마	마	마	마	마	마	마
마	마	마	마	마	마	마	마	마	마	마	마	마
마	마	마	마	마	마	마	마	마	마	마	마	마
마	마	마	마	마	마	마	마	마	마	마	마	마

직접 써보기

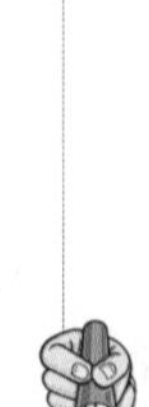

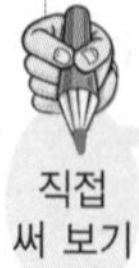

직접 써 보기

[바] 한 글자씩 실전 쓰기훈련

[정자체 세로 점선 따라 바자 쓰기연습] 연필로 글자 위를 중첩하여 써 보세요.

*세로 선을 그을 때에는 손목에 힘을 빼고 점선을 따라 가볍게 내려긋는다.

바	바	바	바	바	바	바	바	바	바	바	바	바
바	바	바	바	바	바	바	바	바	바	바	바	바
바	바	바	바	바	바	바	바	바	바	바	바	바
바	바	바	바	바	바	바	바	바	바	바	바	바
바	바	바	바	바	바	바	바	바	바	바	바	바
바	바	바	바	바	바	바	바	바	바	바	바	바
바	바	바	바	바	바	바	바	바	바	바	바	바
바	바	바	바	바	바	바	바	바	바	바	바	바
바	바	바	바	바	바	바	바	바	바	바	바	바
바	바	바	바	바	바	바	바	바	바	바	바	바
바	바	바	바	바	바	바	바	바	바	바	바	바
바	바	바	바	바	바	바	바	바	바	바	바	바
바	바	바	바	바	바	바	바	바	바	바	바	바

직접 써 보기

직접 써 보기

[사] 한 글자씩 실전 쓰기훈련

[정자체 세로 점선 따라 사자 쓰기연습] 연필로 글자 위를 중첩하여 써 보세요.

＊세로 선을 그을 때에는 손목에 힘을 빼고 점선을 따라 가볍게 내려긋는다.

사	사	사	사	사	사	사	사	사	사	사	사	사
사	사	사	사	사	사	사	사	사	사	사	사	사
사	사	사	사	사	사	사	사	사	사	사	사	사
사	사	사	사	사	사	사	사	사	사	사	사	사
사	사	사	사	사	사	사	사	사	사	사	사	사
사	사	사	사	사	사	사	사	사	사	사	사	사
사	사	사	사	사	사	사	사	사	사	사	사	사
사	사	사	사	사	사	사	사	사	사	사	사	사
사	사	사	사	사	사	사	사	사	사	사	사	사
사	사	사	사	사	사	사	사	사	사	사	사	사
사	사	사	사	사	사	사	사	사	사	사	사	사
사	사	사	사	사	사	사	사	사	사	사	사	사
사	사	사	사	사	사	사	사	사	사	사	사	사

제1장

직접 써 보기

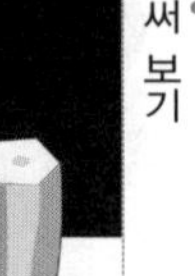

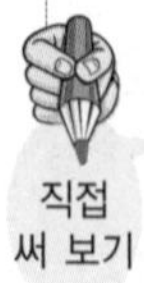

직접 써 보기

[아] 한 글자씩 실전 쓰기훈련

[정자체 세로 점선 따라 아자 쓰기연습] 연필로 글자 위를 중첩하여 써 보세요.

＊세로 선을 그을 때에는 손목에 힘을 빼고 점선을 따라 가볍게 내려긋는다.

아	아	아	아	아	아	아	아	아	아	아	아	아
아	아	아	아	아	아	아	아	아	아	아	아	아
아	아	아	아	아	아	아	아	아	아	아	아	아
아	아	아	아	아	아	아	아	아	아	아	아	아
아	아	아	아	아	아	아	아	아	아	아	아	아
아	아	아	아	아	아	아	아	아	아	아	아	아
아	아	아	아	아	아	아	아	아	아	아	아	아
아	아	아	아	아	아	아	아	아	아	아	아	아
아	아	아	아	아	아	아	아	아	아	아	아	아
아	아	아	아	아	아	아	아	아	아	아	아	아
아	아	아	아	아	아	아	아	아	아	아	아	아
아	아	아	아	아	아	아	아	아	아	아	아	아
아	아	아	아	아	아	아	아	아	아	아	아	아

직접 써 보기

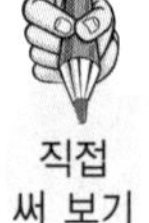

직접 써 보기

[자] 한 글자씩 실전 쓰기훈련

[정자체 세로 점선 따라 자자 쓰기연습] 연필로 글자 위를 중첩하여 써 보세요.

＊세로 선을 그을 때에는 손목에 힘을 빼고 점선을 따라 가볍게 내려긋는다.

자	자	자	자	자	자	자	자	자	자	자	자	자
자	자	자	자	자	자	자	자	자	자	자	자	자
자	자	자	자	자	자	자	자	자	자	자	자	자
자	자	자	자	자	자	자	자	자	자	자	자	자
자	자	자	자	자	자	자	자	자	자	자	자	자
자	자	자	자	자	자	자	자	자	자	자	자	자
자	자	자	자	자	자	자	자	자	자	자	자	자
자	자	자	자	자	자	자	자	자	자	자	자	자
자	자	자	자	자	자	자	자	자	자	자	자	자
자	자	자	자	자	자	자	자	자	자	자	자	자
자	자	자	자	자	자	자	자	자	자	자	자	자
자	자	자	자	자	자	자	자	자	자	자	자	자
자	자	자	자	자	자	자	자	자	자	자	자	자

직접 써 보기

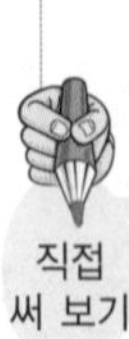

직접 써 보기

[차] 한 글자씩 실전 쓰기훈련

[정자체 세로 점선 따라 차자 쓰기연습] 연필로 글자 위를 중첩하여 써 보세요.

＊세로 선을 그을 때에는 손목에 힘을 빼고 점선을 따라 가볍게 내려긋는다.

차	차	차	차	차	차	차	차	차	차	차	차	차
차	차	차	차	차	차	차	차	차	차	차	차	차
차	차	차	차	차	차	차	차	차	차	차	차	차
차	차	차	차	차	차	차	차	차	차	차	차	차
차	차	차	차	차	차	차	차	차	차	차	차	차
차	차	차	차	차	차	차	차	차	차	차	차	차
차	차	차	차	차	차	차	차	차	차	차	차	차
차	차	차	차	차	차	차	차	차	차	차	차	차
차	차	차	차	차	차	차	차	차	차	차	차	차
차	차	차	차	차	차	차	차	차	차	차	차	차
차	차	차	차	차	차	차	차	차	차	차	차	차
차	차	차	차	차	차	차	차	차	차	차	차	차

직접 써 보기 ➜

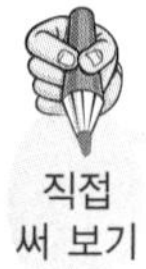

직접 써 보기

[카] 한 글자씩 실전 쓰기훈련

[정자체 세로 점선 따라 카자 쓰기연습] 연필로 글자 위를 중첩하여 써 보세요.

* 세로 선을 그을 때에는 손목에 힘을 빼고 점선을 따라 가볍게 내려긋는다.

카	카	카	카	카	카	카	카	카	카	카	카	카
카	카	카	카	카	카	카	카	카	카	카	카	카
카	카	카	카	카	카	카	카	카	카	카	카	카
카	카	카	카	카	카	카	카	카	카	카	카	카
카	카	카	카	카	카	카	카	카	카	카	카	카
카	카	카	카	카	카	카	카	카	카	카	카	카
카	카	카	카	카	카	카	카	카	카	카	카	카
카	카	카	카	카	카	카	카	카	카	카	카	카
카	카	카	카	카	카	카	카	카	카	카	카	카
카	카	카	카	카	카	카	카	카	카	카	카	카
카	카	카	카	카	카	카	카	카	카	카	카	카
카	카	카	카	카	카	카	카	카	카	카	카	카
카	카	카	카	카	카	카	카	카	카	카	카	카

제1장

직접 써 보기

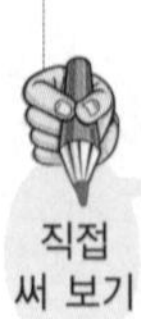

직접 써 보기

[타] 한 글자씩 실전 쓰기훈련

[정자체 세로 점선 따라 타자 쓰기연습] 연필로 글자 위를 중첩하여 써 보세요.

*세로 선을 그을 때에는 손목에 힘을 빼고 점선을 따라 가볍게 내려긋는다.

타	타	타	타	타	타	타	타	타	타	타	타	타
타	타	타	타	타	타	타	타	타	타	타	타	타
타	타	타	타	타	타	타	타	타	타	타	타	타
타	타	타	타	타	타	타	타	타	타	타	타	타
타	타	타	타	타	타	타	타	타	타	타	타	타
타	타	타	타	타	타	타	타	타	타	타	타	타
타	타	타	타	타	타	타	타	타	타	타	타	타
타	타	타	타	타	타	타	타	타	타	타	타	타
타	타	타	타	타	타	타	타	타	타	타	타	타
타	타	타	타	타	타	타	타	타	타	타	타	타
타	타	타	타	타	타	타	타	타	타	타	타	타
타	타	타	타	타	타	타	타	타	타	타	타	타
타	타	타	타	타	타	타	타	타	타	타	타	타

직접 써 보기

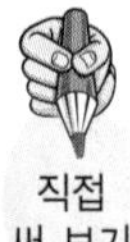

직접 써 보기

[파] 한 글자씩 실전 쓰기훈련

[정자체 세로 점선 따라 파자 쓰기연습] 연필로 글자 위를 중첩하여 써 보세요.
*세로 선을 그을 때에는 손목에 힘을 빼고 점선을 따라 가볍게 내려긋는다.

파	파	파	파	파	파	파	파	파	파	파	파	파
파	파	파	파	파	파	파	파	파	파	파	파	파
파	파	파	파	파	파	파	파	파	파	파	파	파
파	파	파	파	파	파	파	파	파	파	파	파	파
파	파	파	파	파	파	파	파	파	파	파	파	파
파	파	파	파	파	파	파	파	파	파	파	파	파
파	파	파	파	파	파	파	파	파	파	파	파	파
파	파	파	파	파	파	파	파	파	파	파	파	파
파	파	파	파	파	파	파	파	파	파	파	파	파
파	파	파	파	파	파	파	파	파	파	파	파	파
파	파	파	파	파	파	파	파	파	파	파	파	파
파	파	파	파	파	파	파	파	파	파	파	파	파
파	파	파	파	파	파	파	파	파	파	파	파	파

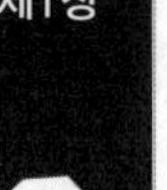

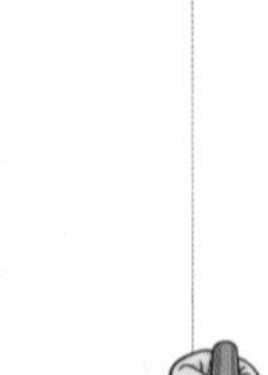

[하] 한 글자씩 실전 쓰기훈련

[정자체 세로 점선 따라 하자 쓰기연습] 연필로 글자 위를 중첩하여 써 보세요.

*세로 선을 그을 때에는 손목에 힘을 빼고 점선을 따라 가볍게 내려긋는다.

하	하	하	하	하	하	하	하	하	하	하	하	하
하	하	하	하	하	하	하	하	하	하	하	하	하
하	하	하	하	하	하	하	하	하	하	하	하	하
하	하	하	하	하	하	하	하	하	하	하	하	하
하	하	하	하	하	하	하	하	하	하	하	하	하
하	하	하	하	하	하	하	하	하	하	하	하	하
하	하	하	하	하	하	하	하	하	하	하	하	하
하	하	하	하	하	하	하	하	하	하	하	하	하
하	하	하	하	하	하	하	하	하	하	하	하	하
하	하	하	하	하	하	하	하	하	하	하	하	하
하	하	하	하	하	하	하	하	하	하	하	하	하
하	하	하	하	하	하	하	하	하	하	하	하	하
하	하	하	하	하	하	하	하	하	하	하	하	하

직접 써 보기

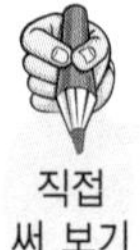

직접 써 보기

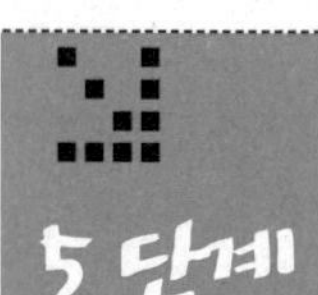

아름다운 손글씨 캘리그라피

[가행] ㄱ자 글씨 쓰기 연습

1. [정자체 쓰기 연습] 연필로 글자 위를 중첩하여 써 보세요.

*[ㄱ] 가행~[ㅎ] 하행까지 글씨체 다지기단계

가 갸 거 겨 고 교 구 규 그 기

가 갸 거 겨 고 교 구 규 그 기

가 갸 거 겨 고 교 구 규 그 기

가 갸 거 겨 고 교 구 규 그 기

가 갸 거 겨 고 교 구 규 그 기

가 갸 거 겨 고 교 구 규 그 기

가 갸 거 겨 고 교 구 규 그 기

가 갸 거 겨 고 교 구 규 그 기

가 갸 거 겨 고 교 구 규 그 기

가 갸 거 겨 고 교 구 규 그 기

가 갸 거 겨 고 교 구 규 그 기

가 갸 거 겨 고 교 구 규 그 기

가 갸 거 겨 고 교 구 규 그 기

직접 써 보기

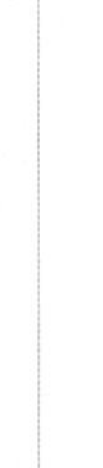

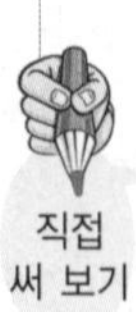

직접 써 보기

[나행] ㄴ 자 글씨 쓰기연습

2. [정자체 쓰기 연습] 연필로 글자 위를 중첩하여 써 보세요.

*[ㄱ] 가행~[ㅎ] 하행까지 글씨체 다지기단계

나	냐	너	녀	노	뇨	누	뉴	느	니
나	냐	너	녀	노	뇨	누	뉴	느	니
나	냐	너	녀	노	뇨	누	뉴	느	니
나	냐	너	녀	노	뇨	누	뉴	느	니
나	냐	너	녀	노	뇨	누	뉴	느	니
나	냐	너	녀	노	뇨	누	뉴	느	니
나	냐	너	녀	노	뇨	누	뉴	느	니
나	냐	너	녀	노	뇨	누	뉴	느	니
나	냐	너	녀	노	뇨	누	뉴	느	니
나	냐	너	녀	노	뇨	누	뉴	느	니
나	냐	너	녀	노	뇨	누	뉴	느	니
나	냐	너	녀	노	뇨	누	뉴	느	니
나	냐	너	녀	노	뇨	누	뉴	느	니

직접 써 보기

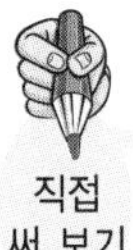

직접 써 보기

[다행] ㄷ자 글씨 쓰기연습

3. [정자체 쓰기 연습] 연필로 글자 위를 중첩하여 써 보세요.

*[ㄱ] 가행~[ㅎ] 하행까지 글씨체 다지기단계

다	댜	더	뎌	도	됴	두	듀	드	디
다	댜	더	뎌	도	됴	두	듀	드	디
다	댜	더	뎌	도	됴	두	듀	드	디
다	댜	더	뎌	도	됴	두	듀	드	디
다	댜	더	뎌	도	됴	두	듀	드	디
다	댜	더	뎌	도	됴	두	듀	드	디
다	댜	더	뎌	도	됴	두	듀	드	디
다	댜	더	뎌	도	됴	두	듀	드	디
다	댜	더	뎌	도	됴	두	듀	드	디
다	댜	더	뎌	도	됴	두	듀	드	디
다	댜	더	뎌	도	됴	두	듀	드	디
다	댜	더	뎌	도	됴	두	듀	드	디

직접 써 보기

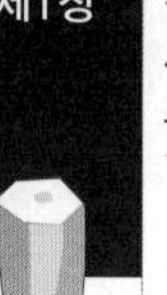

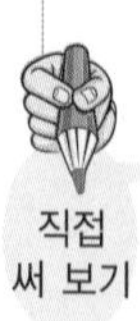

직접 써 보기

[라행] ㄹ 자 글씨 쓰기연습

4. [정자체 쓰기 연습] 연필로 글자 위를 중첩하여 써 보세요.

*[ㄱ] 가행~[ㅎ] 하행까지 글씨체 다지기단계

리	랴	러	려	로	료	루	류	르	리
리	랴	러	려	로	료	루	류	르	리
리	랴	러	려	로	료	루	류	르	리
리	랴	러	려	로	료	루	류	르	리
리	랴	러	려	로	료	루	류	르	리
리	랴	러	려	로	료	루	류	르	리
리	랴	러	려	로	료	루	류	르	리
리	랴	러	려	로	료	루	류	르	리
리	랴	러	려	로	료	루	류	르	리
리	랴	러	려	로	료	루	류	르	리
리	랴	러	려	로	료	루	류	르	리
리	랴	러	려	로	료	루	류	르	리
리	랴	러	려	로	료	루	류	르	리

직접 써 보기

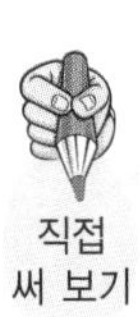

직접 써 보기

[마행] ㅁ 자 글씨 쓰기연습

5. [정자체 쓰기 연습] 연필로 글자 위를 중첩하여 써 보세요.

*[ㄱ] 가행~[ㅎ] 하행까지 글씨체 다지기단계

마	먀	머	며	모	묘	무	뮤	므	미
마	먀	머	며	모	묘	무	뮤	므	미
마	먀	머	며	모	묘	무	뮤	므	미
마	먀	머	며	모	묘	무	뮤	므	미
마	먀	머	며	모	묘	무	뮤	므	미
마	먀	머	며	모	묘	무	뮤	므	미
마	먀	머	며	모	묘	무	뮤	므	미
마	먀	머	며	모	묘	무	뮤	므	미
마	먀	머	며	모	묘	무	뮤	므	미
마	먀	머	며	모	묘	무	뮤	므	미
마	먀	머	며	모	묘	무	뮤	므	미
마	먀	머	며	모	묘	무	뮤	므	미
마	먀	머	며	모	묘	무	뮤	므	미

직접 써 보기

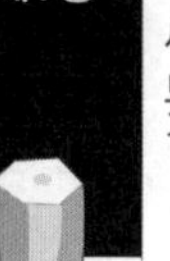

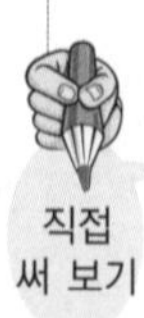

직접 써 보기

[바행] ㅂ 자 글씨 쓰기연습

6. [정자체 쓰기 연습] 연필로 글자 위를 중첩하여 써 보세요.

*[ㄱ] 가행~[ㅎ] 하행까지 글씨체 다지기단계

바	뱌	버	벼	보	뵤	부	뷰	브	비
바	뱌	버	벼	보	뵤	부	뷰	브	비
바	뱌	버	벼	보	뵤	부	뷰	브	비
바	뱌	버	벼	보	뵤	부	뷰	브	비
바	뱌	버	벼	보	뵤	부	뷰	브	비
바	뱌	버	벼	보	뵤	부	뷰	브	비
바	뱌	버	벼	보	뵤	부	뷰	브	비
바	뱌	버	벼	보	뵤	부	뷰	브	비
바	뱌	버	벼	보	뵤	부	뷰	브	비
바	뱌	버	벼	보	뵤	부	뷰	브	비
바	뱌	버	벼	보	뵤	부	뷰	브	비
바	뱌	버	벼	보	뵤	부	뷰	브	비

직접 써 보기

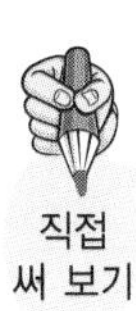

직접 써 보기

[사행] ㅅ 자 글씨 쓰기연습

7. [정자체 쓰기 연습] 연필로 글자 위를 중첩하여 써 보세요.

*[ㄱ] 가행~[ㅎ] 하행까지 글씨체 다지기단계

사 샤 서 셔 소 쇼 수 슈 스 시
사 샤 서 셔 소 쇼 수 슈 스 시
사 샤 서 셔 소 쇼 수 슈 스 시
사 샤 서 셔 소 쇼 수 슈 스 시
사 샤 서 셔 소 쇼 수 슈 스 시
사 샤 서 셔 소 쇼 수 슈 스 시

직접 써 보기

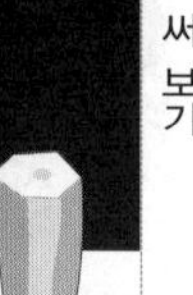

사 샤 서 셔 소 쇼 수 슈 스 시
사 샤 서 셔 소 쇼 수 슈 스 시
사 샤 서 셔 소 쇼 수 슈 스 시
사 샤 서 셔 소 쇼 수 슈 스 시
사 샤 서 셔 소 쇼 수 슈 스 시
사 샤 서 셔 소 쇼 수 슈 스 시
사 샤 서 셔 소 쇼 수 슈 스 시

직접 써 보기

[아행] ㅇ 자 글씨 쓰기연습

8. [정자체 쓰기 연습] 연필로 글자 위를 중첩하여 써 보세요.

*[ㄱ] 가행~[ㅎ] 하행까지 글씨체 다지기단계

아 야 어 여 오 요 우 유 으 이
아 야 어 여 오 요 우 유 으 이
아 야 어 여 오 요 우 유 으 이
아 야 어 여 오 요 우 유 으 이
아 야 어 여 오 요 우 유 으 이
아 야 어 여 오 요 우 유 으 이

직접 써 보기

아 야 어 여 오 요 우 유 으 이
아 야 어 여 오 요 우 유 으 이
아 야 어 여 오 요 우 유 으 이
아 야 어 여 오 요 우 유 으 이
아 야 어 여 오 요 우 유 으 이
아 야 어 여 오 요 우 유 으 이
아 야 어 여 오 요 우 유 으 이

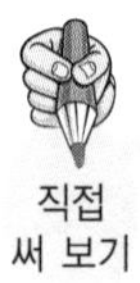

직접 써 보기

[자행] ㅈ 자 글씨 쓰기연습

9. [정자체 쓰기 연습] 연필로 글자 위를 중첩하여 써 보세요.

*[ㄱ] 가행~[ㅎ] 하행까지 글씨체 다지기단계

자	쟈	저	져	조	죠	주	쥬	즈	지
자	쟈	저	져	조	죠	주	쥬	즈	지
자	쟈	저	져	조	죠	주	쥬	즈	지
자	쟈	저	져	조	죠	주	쥬	즈	지
자	쟈	저	져	조	죠	주	쥬	즈	지
자	쟈	저	져	조	죠	주	쥬	즈	지
자	쟈	저	져	조	죠	주	쥬	즈	지
자	쟈	저	져	조	죠	주	쥬	즈	지
자	쟈	저	져	조	죠	주	쥬	즈	지
자	쟈	저	져	조	죠	주	쥬	즈	지
자	쟈	저	져	조	죠	주	쥬	즈	지
자	쟈	저	져	조	죠	주	쥬	즈	지
자	쟈	저	져	조	죠	주	쥬	즈	지

직접 써 보기

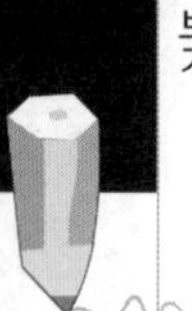

직접 써 보기

[차행] ㅊ 자 글씨 쓰기연습

10. [정자체 쓰기 연습] 연필로 글자 위를 중첩하여 써 보세요.

*[ㄱ] 가행~[ㅎ] 하행까지 글씨체 다지기단계

차	챠	처	쳐	초	쵸	추	츄	츠	치
차	챠	처	쳐	초	쵸	추	츄	츠	치
차	챠	처	쳐	초	쵸	추	츄	츠	치
차	챠	처	쳐	초	쵸	추	츄	츠	치
차	챠	처	쳐	초	쵸	추	츄	츠	치
차	챠	처	쳐	초	쵸	추	츄	츠	치
차	챠	처	쳐	초	쵸	추	츄	츠	치
차	챠	처	쳐	초	쵸	추	츄	츠	치
차	챠	처	쳐	초	쵸	추	츄	츠	치
차	챠	처	쳐	초	쵸	추	츄	츠	치
차	챠	처	쳐	초	쵸	추	츄	츠	치
차	챠	처	쳐	초	쵸	추	츄	츠	치
차	챠	처	쳐	초	쵸	추	츄	츠	치

직접 써 보기

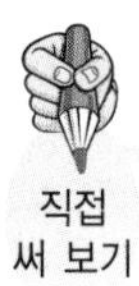

직접 써 보기

[카행] ㅋ 자 글씨 쓰기연습

11. [정자체 쓰기 연습] 연필로 글자 위를 중첩하여 써 보세요.

*[ㄱ] 가행~[ㅎ] 하행까지 글씨체 다지기단계

카	캬	커	켜	코	쿄	쿠	큐	크	키
카	캬	커	켜	코	쿄	쿠	큐	크	키
카	캬	커	켜	코	쿄	쿠	큐	크	키
카	캬	커	켜	코	쿄	쿠	큐	크	키
카	캬	커	켜	코	쿄	쿠	큐	크	키
카	캬	커	켜	코	쿄	쿠	큐	크	키
카	캬	커	켜	코	쿄	쿠	큐	크	키
카	캬	커	켜	코	쿄	쿠	큐	크	키
카	캬	커	켜	코	쿄	쿠	큐	크	키
카	캬	커	켜	코	쿄	쿠	큐	크	키
카	캬	커	켜	코	쿄	쿠	큐	크	키
카	캬	커	켜	코	쿄	쿠	큐	크	키
카	캬	커	켜	코	쿄	쿠	큐	크	키

직접 써 보기

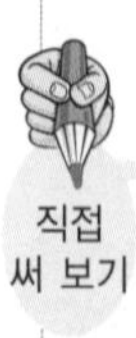

직접 써 보기

[타행] ㅌ 자 글씨 쓰기연습

12. [정자체 쓰기 연습] 연필로 글자 위를 중첩하여 써 보세요.

*[ㄱ] 가행~[ㅎ] 하행까지 글씨체 다지기단계

타	탸	터	텨	토	툐	투	튜	트	티
타	탸	터	텨	토	툐	투	튜	트	티
타	탸	터	텨	토	툐	투	튜	트	티
타	탸	터	텨	토	툐	투	튜	트	티
타	탸	터	텨	토	툐	투	튜	트	티
타	탸	터	텨	토	툐	투	튜	트	티
타	탸	터	텨	토	툐	투	튜	트	티
타	탸	터	텨	토	툐	투	튜	트	티
타	탸	터	텨	토	툐	투	튜	트	티
타	탸	터	텨	토	툐	투	튜	트	티
타	탸	터	텨	토	툐	투	튜	트	티
타	탸	터	텨	토	툐	투	튜	트	티
타	탸	터	텨	토	툐	투	튜	트	티

직접 써 보기

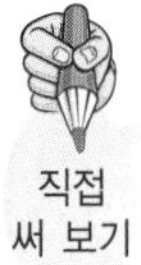

직접 써 보기

[파행] ㅍ 자 글씨 쓰기연습

13. [정자체 쓰기 연습] 연필로 글자 위를 중첩하여 써 보세요.

*[ㄱ] 가행~[ㅎ] 하행까지 글씨체 다지기단계

파	퍄	퍼	펴	포	표	푸	퓨	프	피
파	퍄	퍼	펴	포	표	푸	퓨	프	피
파	퍄	퍼	펴	포	표	푸	퓨	프	피
파	퍄	퍼	펴	포	표	푸	퓨	프	피
파	퍄	퍼	펴	포	표	푸	퓨	프	피
파	퍄	퍼	펴	포	표	푸	퓨	프	피
파	퍄	퍼	펴	포	표	푸	퓨	프	피
파	퍄	퍼	펴	포	표	푸	퓨	프	피
파	퍄	퍼	펴	포	표	푸	퓨	프	피
파	퍄	퍼	펴	포	표	푸	퓨	프	피
파	퍄	퍼	펴	포	표	푸	퓨	프	피
파	퍄	퍼	펴	포	표	푸	퓨	프	피
파	퍄	퍼	펴	포	표	푸	퓨	프	피

제1장 직접 써 보기

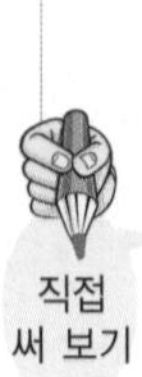

직접 써 보기

[하행] ㅎ 자 글씨 쓰기연습

14. [정자체 쓰기 연습] 연필로 글자 위를 중첩하여 써 보세요.

*[ㄱ] 가행~[ㅎ] 하행까지 글씨체 다지기단계

하	햐	허	혀	호	효	후	휴	흐	히
하	햐	허	혀	호	효	후	휴	흐	히
하	햐	허	혀	호	효	후	휴	흐	히
하	햐	허	혀	호	효	후	휴	흐	히
하	햐	허	혀	호	효	후	휴	흐	히
하	햐	허	혀	호	효	후	휴	흐	히

직접 써 보기 ➔

하	햐	허	혀	호	효	후	휴	흐	히
하	햐	허	혀	호	효	후	휴	흐	히
하	햐	허	혀	호	효	후	휴	흐	히
하	햐	허	혀	호	효	후	휴	흐	히
하	햐	허	혀	호	효	후	휴	흐	히
하	햐	허	혀	호	효	후	휴	흐	히
하	햐	허	혀	호	효	후	휴	흐	히

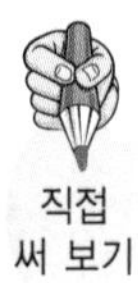

직접 써 보기

아름다운 손글씨 캘리그라피

6단계 단어 쓰고 문장으로 이어쓰기[1]

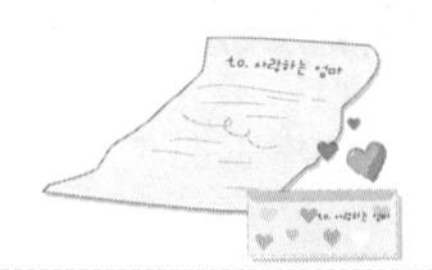

[정자체로 글자 위에 직접 연필로 써 보기] 가행~다행 실전대비 아래 글씨 따라잡기 적응훈련 단계

가족 가족 가족 가수 가수 가수 가요 가요 가요

우리 가족은 가수처럼 대중가요를 잘도 부른다.

우리 가족은 가수처럼 대중가요를 잘도 부른다.

나비 나비 나비 냇물 냇물 냇물 나무 나무 나무

노랑나비가 시냇물이 흐르는 곳의 꽃나무에 앉았다.

노랑나비가 시냇물이 흐르는 곳의 꽃나무에 앉았다.

다람쥐 다람쥐 다람쥐 달밤 달밤 달밤 다리 다리 다리

다람쥐 한 마리가 달밤에 다리 위를 달려가고 있다.

다람쥐 한 마리가 달밤에 다리 위를 달려가고 있다.

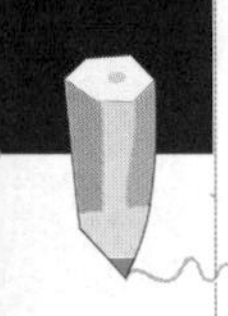

단어 쓰고 문장으로 이어쓰기[2]

[정자체로 글자 위에 직접 연필로 써 보기] 라행~바행 실전대비 아래 글씨 따라잡기 적응훈련 단계

라면 라면 라면 라켓 라켓 라켓 라디오 라디오 라디오

나는 라면을 먹고 라켓과 라디오를 들고 공원에 나왔다.

나는 라면을 먹고 라켓과 라디오를 들고 공원에 나왔다.

만두 만두 만두 많이 많이 많이 만들어 만들어 만들어

우리는 만두를 많이 만들어서 이웃과 나누어 먹었다.

우리는 만두를 많이 만들어서 이웃과 나누어 먹었다.

바지 바지 바지 바닷가 바닷가 바닷가 바둑 바둑 바둑

나는 친구와 함께 바닷가로 나가 바둑을 두었다.

나는 친구와 함께 바닷가로 나가 바둑을 두었다.

단어 쓰고 문장으로 이어쓰기[3]

[정자체로 글자 위에 직접 연필로 써 보기] 사행~자행 실전대비 아래 글씨 따라잡기 적응훈련 단계

사자 사자 사자 사냥 사냥 사냥 사슴 사슴 사슴

사자가 사냥을 하기위해 들에서 사슴을 쫓고 있다.

사자가 사냥을 하기위해 들에서 사슴을 쫓고 있다.

아침 아침 아침 아저씨 아저씨 아저씨 악어 악어 악어

아침에 아저씨가 악어에게 먹이를 많이 주고 있다.

아침에 아저씨가 악어에게 먹이를 많이 주고 있다.

자두 자두 자두 자루 자루 자루 자전거 자전거 자전거

오늘은 농부가 자두를 자루에 넣어서 자전거에 실었다.

오늘은 농부가 자두를 자루에 넣어서 자전거에 실었다.

단어 쓰고 문장으로 이어쓰기[4]

[정자체로 글자 위에 직접 연필로 써 보기] 차행~타행 실전대비 아래 글씨 따라잡기 적응훈련 단계

차도 차도 차도 차돌 차돌 차돌 차고 차고 차고

차도에서 차돌을 주워서 우리 집 차고에 두었다.

차도에서 차돌을 주워서 우리 집 차고에 두었다.

카드 카드 카드 콜라 콜라 콜라 카메라 카메라 카메라

카드놀이를 하고 카메라로 사진도 찍고 콜라도 먹었다.

카드놀이를 하고 카메라로 사진도 찍고 콜라도 먹었다.

타자 타자 타자 타석 타석 타석 타조 타조 타조

타자가 타석에 서 있는데 타조가 뛰어들어 왔다.

타자가 타석에 서 있는데 타조가 뛰어들어 왔다.

단어 쓰고 문장으로 이어쓰기[5]

[정자체로 글자 위에 직접 연필로 써 보기] 파행~가행 실전대비 아래 글씨 따라잡기 적응훈련 단계

파란 파란 파란 파리 파리 파리 파도 파도 파도

파란 바닷가에 파리가 파도 위를 날아간다.

파란 바닷가에 파리가 파도 위를 날아간다.

하마 하마 하마 하품 하품 하품 하루 하루 하루

동물원에서 하마가 하품을 하면 오늘 하루가 즐겁다.

동물원에서 하마가 하품을 하면 오늘 하루가 즐겁다.

가죽 가죽 가죽 가방 가방 가방 가게 가요 가요

가죽으로 만든 멋있는 가방을 가게에 가서 샀다.

가죽으로 만든 멋있는 가방을 가게에 가서 샀다.

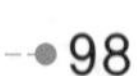

단어 쓰고 문장으로 이어쓰기[6]

[정자체로 글자 위에 직접 연필로 써 보기] 서·운·우 실전대비 아래 글씨 따라잡기 적응훈련 단계

서울 서울 서울 부산 부산 부산 자전거 자전거 자전거

나는 서울에서 부산까지 자전거 여행을 했다.

나는 서울에서 부산까지 자전거 여행을 했다.

운동장 운동장 운동장 체육 체육 체육 농구 농구 농구

학교 운동장에서 체육시간에 친구와 농구 경기를 했다.

학교 운동장에서 체육시간에 친구와 농구 경기를 했다.

우체국 우체국 우체국 시골 시골 시골 선물 선물 선물

나는 우체국에 가서 시골에 부모님께 선물을 했다.

나는 우체국에 가서 시골에 부모님께 선물을 했다.

단어 쓰고 문장으로 이어쓰기[7]

[정자체로 글자 위에 직접 연필로 써 보기] 생·글·영 실전대비 아래 글씨 따라잡기 적응훈련 단계

생일 생일 생일 중국 중국 중국 요리 요리 요리

오늘 내 생일이어서 중국식당에서 요리를 먹었다.

오늘 내 생일이어서 중국식당에서 요리를 먹었다.

글씨 글씨 글씨 정성 정성 정성 멋있게 멋있게 멋있게

공부시간에 노트에 글씨를 정성껏 멋있게 썼다.

공부시간에 노트에 글씨를 정성껏 멋있게 썼다.

영화 영화 영화 친구 친구 친구 재미 재미 재미

영화관에서 친구와 둘이 재미있게 영화를 관람했다.

영화관에서 친구와 둘이 재미있게 영화를 관람했다.

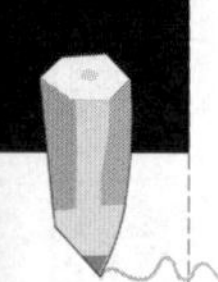

단어 쓰고 문장으로 이어쓰기[8]

[정자체로 글자 위에 직접 연필로 써 보기] 청·신·공 실전대비 아래 글씨 따라잡기 적응훈련 단계

청량리 청량리 청량리 기차 기차 기차 여행 여행 여행

우리 가족은 청량리역에서 기차를 타고 여행을 떠났다.

우리 가족은 청량리역에서 기차를 타고 여행을 떠났다.

신문 신문 신문 기사 기사 기사 깜짝 깜짝 깜짝

오늘 신문에서 우리 동네 기사를 보고 깜짝 놀랐다.

오늘 신문에서 우리 동네 기사를 보고 깜짝 놀랐다.

공항 공항 공항 비행기 비행기 비행기 제주 제주 제주

김포 공항에서 비행기를 타고 제주도에 도착했다.

김포 공항에서 비행기를 타고 제주도에 도착했다.

단어 쓰고 문장으로 이어쓰기[9]

[정자체로 글자 위에 직접 연필로 써 보기] 생·아·여 실전대비 아래 글씨 따라잡기 적응훈련 단계

생일 생일 생일 선물 선물 선물 많이 많이 많이

오늘은 내 생일로 친구들에게 선물을 많이 받았다.

오늘은 내 생일로 친구들에게 선물을 많이 받았다.

아침 아침 아침 약수터 약수터 약수터 운동 운동 운동

매일 아침에 뒷산 약수터에서 팔 다리 운동을 한다.

매일 아침에 뒷산 약수터에서 팔 다리 운동을 한다.

여름 여름 여름 바닷가 바닷가 바닷가 수영 수영 수영

무더운 여름에 시원한 바닷가로 나가 수영을 했다.

무더운 여름에 시원한 바닷가로 나가 수영을 했다.

단어 쓰고 문장으로 이어쓰기[10]

[정자체로 글자 위에 직접 연필로 써 보기] 하·어·마 실전대비 아래 글씨 따라잡기 적응훈련 단계

하늘 하늘 하늘 구름 구름 구름 두둥실 두둥실 두둥실

맑은 하늘에 뭉게구름이 두둥실 떠가고 있다.

맑은 하늘에 뭉게구름이 두둥실 떠가고 있다.

어부 어부 어부 고래 고래 고래 그물 그물 그물

가난한 어부가 바다에 나가서 그물로 고래를 잡았다.

가난한 어부가 바다에 나가서 그물로 고래를 잡았다.

마술 마술 마술 지팡이 지팡이 지팡이 장미 장미 장미

마술사가 관중 앞에서 지팡이로 장미꽃을 만들었다.

마술사가 관중 앞에서 지팡이로 장미꽃을 만들었다.

7 단계

아름다운 손글씨 캘리그라피

고사성어 뜻 내용쓰기[1]

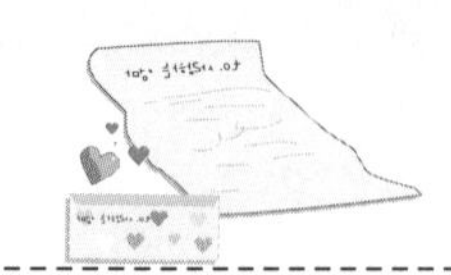

정자체로 글자 위에 써 보고 자필로 직접 써서 아래 글씨 따라잡기

ㄱ [정자체로 고사성어와 풀이쓰기]

* 가기의방 (可欺宜方): 그럴듯한 방법으로 남을 속이는 짓

가기의방 가기의방 가기의방 가기의방 가기의방

그럴듯한 방법으로 남을 속이는 짓

그럴듯한 방법으로 남을 속이는 짓

* 가담항설(街談巷說): 길거리나 골목에 떠도는 뜬소문

가담항설 가담항설 가담항설 가담항설 가담항설

길거리나 골목에 떠도는 뜬소문

길거리나 골목에 떠도는 뜬소문

* 가인박명(佳人薄命): 여자의 용모가 아주 아름다우면 기구하거나 수명이 짧음

가인박명 가인박명 가인박명 가인박명 가인박명

여자의 용모가 아름다우면 기구하거나 수명이 짧음

여자의 용모가 아름다우면 기구하거나 수명이 짧음

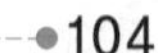

고사성어 뜻 내용쓰기[2]

정자체로 글자 위에 써 보고 자필로 직접 써서 아래 글씨 따라잡기

ㄱ **[정자체로 고사성어와 풀이쓰기]**

* 각고면려(刻苦勉勵): 모든 고생을 이겨 내면서 부지런히 노력함.

각고면려 각고면려 각고면려 각고면려 각고면려

모든 고생을 이겨 내면서 부지런히 노력함

모든 고생을 이겨 내면서 부지런히 노력함

* 감언이설(甘言利說): 달콤한 말과 이로운 조건을 내세워 남을 꾐

감언이설 감언이설 감언이설 감언이설 감언이설

달콤한 말과 이로운 조건을 내세워 남을 꾐

달콤한 말과 이로운 조건을 내세워 남을 꾐

* 거두절미(去頭截尾): 사실의 요지만 말하고 부수적인 것을 빼어버림

거두절미 거두절미 거두절미 거두절미 거두절미

사실의 요지만 말하고 부수적인 것을 빼어버림

사실의 요지만 말하고 부수적인 것을 빼어버림

고사성어 뜻 내용쓰기[3]

정자체로 글자 위에 써 보고 자필로 직접 써서 아래 글씨 따라잡기

ㄴ [정자체로 고사성어와 풀이쓰기]

* 남전북답(南田北畓): 가지고 있는 전답이 여기저기 많이 있다는 말.

남전북답 남전북답 남전북답 남전북답 남전북답

가지고 있는 전답이 여기저기 많이 있다는 말

가지고 있는 전답이 여기저기 많이 있다는 말

* 능소능대(能小能大): 큰일이나 작은 일이나 두루 능함.

능소능대 능소능대 능소능대 능소능대 능소능대

큰일이나 작은 일이나 두루 능함

큰일이나 작은 일이나 두루 능함

* 낙담상혼(落膽喪魂) : 몹시 놀라 정신이 없음을 뜻함.

낙담상혼 낙담상혼 낙담상혼 낙담상혼 낙담상혼

몹시 놀라 정신이 없음을 뜻함

몹시 놀라 정신이 없음을 뜻함

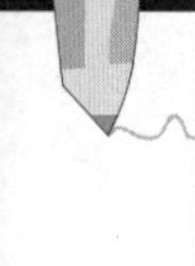

고사성어 뜻 내용쓰기[4]

정자체로 글자 위에 써 보고 자필로 직접 써서 아래 글씨 따라잡기

ㄴ [정자체로 고사성어와 풀이쓰기]

* 낭중취물(囊中取物) : 손쉽게 얻을 수가 있다는 말

낭중취물 낭중취물 낭중취물 낭중취물 낭중취물

손쉽게 얻을 수가 있다는 말

손쉽게 얻을 수가 있다는 말

* 노심초사(勞心焦思) : 근심하면서 속을 태움

노심초사 노심초사 노심초사 노심초사 노심초사

근심하면서 속을 태움

근심하면서 속을 태움

* 능지처참(陵遲處斬) : 머리, 몸, 손, 발을 끊는 극형을 말함.

능지처참 능지처참 능지처참 능지처참 능지처참

머리, 몸, 손, 발을 끊는 극형을 말함

머리, 몸, 손, 발을 끊는 극형을 말함

고사성어 뜻 내용쓰기[5]

정자체로 글자 위에 써 보고 자필로 직접 써서 아래 글씨 따라잡기

ㄷ [정자체로 고사성어와 풀이쓰기]

* 다문박식(多聞博識) : 견문이 많고 학식이 있는 것

다문박식 다문박식 다문박식 다문박식 다문박식

견문이 많고 학식이 있는 것

견문이 많고 학식이 있는 것

* 다사제제(多士濟濟) : 훌륭한 인재가 많이 있음을 비유함.

다사제제 다사제제 다사제제 다사제제 다사제제

훌륭한 인재가 많이 있음을 비유함

훌륭한 인재가 많이 있음을 비유함

* 단금지교(斷金之交) : 매우 친밀한 우정이나 교제를 말함.

단금지교 단금지교 단금지교 단금지교 단금지교

매우 친밀한 우정이나 교제를 말함

매우 친밀한 우정이나 교제를 말함

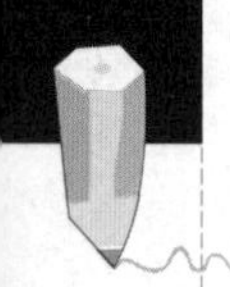

고사성어 뜻 내용쓰기[6]

정자체로 글자 위에 써 보고 자필로 직접 써서 아래 글씨 따라잡기

ㄷ [정자체로 고사성어와 풀이쓰기]

* 독서상우(讀書尙友) : 독서를 하므로써 옛날의 현인을 벗 삼음

독서상우 독서상우 독서상우 독서상우 독서상우

독서를 하므로써 옛날의 현인을 벗 삼음

독서를 하므로써 옛날의 현인을 벗 삼음

* 동량지재(棟樑之材) : 나라의 중임을 맡을 만한 인재

동량지재 동량지재 동량지재 동량지재 동량지재

나라의 중임을 맡을 만한 인재

나라의 중임을 맡을 만한 인재

* 동상이몽(同床異夢) : 같은 처지에서 서로 딴 생각을 함.

동상이몽 동상이몽 동상이몽 동상이몽 동상이몽

같은 처지에서 서로 딴 생각을 함

같은 처지에서 서로 딴 생각을 함

고사성어 뜻 내용쓰기[7]

정자체로 글자 위에 써 보고 자필로 직접 써서 아래 글씨 따라잡기

ㅁ [정자체로 고사성어와 풀이쓰기]

* 만구일담(萬口一談) : 여러 사람의 의견이 서로 같음을 뜻함.

만구일담 만구일담 만구일담 만구일담 만구일담

여러 사람의 의견이 서로 같음을 뜻함

여러 사람의 의견이 서로 같음을 뜻함

* 만반진수(滿盤珍羞) : 상에 가득한 여러 가지 맛있는 음식

만반진수 만반진수 만반진수 만반진수 만반진수

상에 가득한 여러 가지 맛있는 음식

상에 가득한 여러 가지 맛있는 음식

* 만사무석(萬死無惜) : 죄가 무거워 조금도 용서할 여지가 없다는 말.

만사무석 만사무석 만사무석 만사무석 만사무석

죄가 무거워 조금도 용서할 여지가 없다는 말

죄가 무거워 조금도 용서할 여지가 없다는 말

고사성어 뜻 내용쓰기[8]

정자체로 글자 위에 써 보고 자필로 직접 써서 아래 글씨 따라잡기

ㅁ [정자체로 고사성어와 풀이쓰기]

* 명심불망(銘心不忘) : 깊이 마음에 새겨서 잊지 않음을 뜻함.

명심불망 명심불망 명심불망 명심불망 명심불망

깊이 마음에 새겨서 잊지 않음을 뜻함

깊이 마음에 새겨서 잊지 않음을 뜻함

* 무불통지(無不通知) : 무슨 일이든 모르는 것이 없음.

무불통지 무불통지 무불통지 무불통지 무불통지

무슨 일이든 모르는 것이 없음

무슨 일이든 모르는 것이 없음

* 문경지교(刎頸之交) : 목을 베어 줄 수 있을 정도로 절친한 사귐.

문경지교 문경지교 문경지교 문경지교 문경지교

목을 베어 줄 수 있을 정도로 절친한 사귐

목을 베어 줄 수 있을 정도로 절친한 사귐

고사성어 뜻 내용쓰기[9]

정자체로 글자 위에 써 보고 자필로 직접 써서 아래 글씨 따라잡기

ㅂ [정자체로 고사성어와 풀이쓰기]

＊박장대소(拍掌大笑) : 손바닥을 치며 야단스럽게 웃음

박장대소 박장대소 박장대소 박장대소 박장대소

손바닥을 치며 야단스럽게 웃음

손바닥을 치며 야단스럽게 웃음

＊반포지효(反哺之孝) : 자식이 커서 어버이의 은혜에 보답하는 효성

반포지효 반포지효 반포지효 반포지효 반포지효

자식이 커서 어버이의 은혜에 보답하는 효성

자식이 커서 어버이의 은혜에 보답하는 효성

＊배은망덕(背恩忘德) : 남의 은덕을 잊고 도리어 해하려는 것

배은망덕 배은망덕 배은망덕 배은망덕 배은망덕

남의 은덕을 잊고 도리어 해하려는 것

남의 은덕을 잊고 도리어 해하려는 것

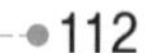

고사성어 뜻 내용쓰기[10]

정자체로 글자 위에 써 보고 자필로 직접 써서 아래 글씨 따라잡기

ㅂ [정자체로 고사성어와 풀이쓰기]

* 벌제위명(伐齊爲名) : 이름만 있고 실상은 없는 것을 가리킴

벌제위명 벌제위명 벌제위명 벌제위명 벌제위명

이름만 있고 실상은 없는 것을 가리킴

이름만 있고 실상은 없는 것을 가리킴

* 불치하문(不恥下問) : 아랫사람에게 묻는 것을 부끄럽게 여기지 않음

불치하문 불치하문 불치하문 불치하문 불치하문

아랫사람에게 묻는 것을 부끄럽게 여기지 않음

아랫사람에게 묻는 것을 부끄럽게 여기지 않음

* 불피풍우(不避風雨) : 비바람을 무릅쓰고 피하지 아니함

불피풍우 불피풍우 불피풍우 불피풍우 불피풍우

비바람을 무릅쓰고 피하지 아니함

비바람을 무릅쓰고 피하지 아니함

고사성어 뜻 내용쓰기[11]

정자체로 글자 위에 써 보고 자필로 직접 써서 아래 글씨 따라잡기

ㅅ [정자체로 고사성어와 풀이쓰기]

＊사면초가(四面楚歌) : 주위에 반대자 또는 적이 많아 고립되어 있는 처지

사면초가 사면초가 사면초가 사면초가 사면초가

주위에 반대자 또는 적이 많아 고립되어 있는 처지

주위의 반대자 또는 적이 많아 고립되어 있는 처지

＊삼순구식(三旬九食) : 집안이 구차하여 먹을 것이 적음

삼순구식 삼순구식 삼순구식 삼순구식 삼순구식

집안이 구차하여 먹을 것이 적음

집안이 구차하여 먹을 것이 적음

＊선풍도골(仙風道骨) : 풍채와 골격이 아주 훌륭한 사람을 이르는 말

선풍도골 선풍도골 선풍도골 선풍도골 선풍도골

풍채와 골격이 아주 훌륭한 사람을 이르는 말

풍채와 골격이 아주 훌륭한 사람을 이르는 말

고사성어 뜻 내용쓰기[12]

정자체로 글자 위에 써 보고 자필로 직접 써서 아래 글씨 따라잡기

ㅅ [정자체로 고사성어와 풀이쓰기]

* 설부화용(雪膚花容) : 흰 살결에 고운 얼굴 즉 미인의 얼굴을 말함

설부화용 설부화용 설부화용 설부화용 설부화용

흰 살결에 고운 얼굴 즉 미인의 얼굴을 말함

흰 살결에 고운 얼굴 즉 미인의 얼굴을 말함

* 소탐대실(小貪大失) : 작은 이익을 욕심내다가 큰 이익을 잃음

소탐대실 소탐대실 소탐대실 소탐대실 소탐대실

작은 이익을 욕심내다가 큰 이익을 잃음

작은 이익을 욕심내다가 큰 이익을 잃음

* 식자우환(識字憂患) : 학식이 있는 것이 도리어 근심을 사게 된다는 말

식자우환 식자우환 식자우환 식자우환 식자우환

학식이 있는 것이 도리어 근심을 사게 된다는 말

학식이 있는 것이 도리어 근심을 사게 된다는 말

고사성어 뜻 내용쓰기[13]

정자체로 글자 위에 써 보고 자필로 직접 써서 아래 글씨 따라잡기

○ [정자체로 고사성어와 풀이쓰기]

* 아비규환(阿鼻叫喚) : 지옥 같은 고통을 못 이기어 구원을 부르짖는 소리

아비규환 아비규환 아비규환 아비규환 아비규환

지옥 같은 고통을 못 이기어 구원을 부르짖는 소리

지옥 같은 고통을 못 이기어 구원을 부르짖는 소리

* 어차어피(於此於彼) : 이렇게 하든지 저렇게 하든지, 이리 되든 저리 되든

어차어피 어차어피 어차어피 어차어피 어차어피

이렇게 하든지 저렇게 하든지, 이리 되든 저리 되든

이렇게 하든지 저렇게 하든지, 이리 되든 저리 되든

* 언어도단(言語道斷) : 너무나 어처구니없어서 말로써 나타 낼 수가 없음

언어도단 언어도단 언어도단 언어도단 언어도단

너무나 어처구니없어서 말로써 나타 낼 수가 없음

너무나 어처구니없어서 말로써 나타 낼 수가 없음

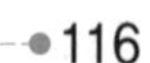

고사성어 뜻 내용쓰기[14]

정자체로 글자 위에 써 보고 자필로 직접 써서 아래 글씨 따라잡기

ㅇ **[정자체로 고사성어와 풀이쓰기]**

* 오불관언(吾不關焉) : 나는 그 일에 상관하지 아니함

오불관언 오불관언 오불관언 오불관언 오불관언

나는 그 일에 상관하지 아니함

나는 그 일에 상관하지 아니함

* 용사비등(龍蛇飛騰) : 활기가 있고 매우 잘 쓰는 글씨를 말함

용사비등 용사비등 용사비등 용사비등 용사비등

활기가 있고 매우 잘 쓰는 글씨를 말함

활기가 있고 매우 잘 쓰는 글씨를 말함

* 인면수심(人面獸心) : 사람의 얼굴을 하였으나 마음은 짐승과 같음

인면수심 인면수심 인면수심 인면수심 인면수심

사람의 얼굴을 하였으나 마음은 짐승과 같음

사람의 얼굴을 하였으나 마음은 짐승과 같음

고사성어 뜻 내용쓰기[15]

정자체로 글자 위에 써 보고 자필로 직접 써서 아래 글씨 따라잡기

ㅈ [**정자체로 고사성어와 풀이쓰기**]

* 자가당착(自家撞着) : 언행의 전후가 모순이 되어 일치하지 않음

자가당착 자가당착 자가당착 자가당착 자가당착

언행의 전후가 모순이 되어 일치하지 않음

언행의 전후가 모순이 되어 일치하지 않음

* 장중보옥(掌中寶玉) : 가장 사랑스럽고 소중한 것을 이르는 말

장중보옥 장중보옥 장중보옥 장중보옥 장중보옥

가장 사랑스럽고 소중한 것을 이르는 말

가장 사랑스럽고 소중한 것을 이르는 말

* 적반하장(賊反荷杖) : 잘못한 사람이 도리어 잘한 사람을 나무라는 경우

적반하장 적반하장 적반하장 적반하장 적반하장

잘못한 사람이 도리어 잘한 사람을 나무라는 경우

잘못한 사람이 도리어 잘한 사람을 나무라는 경우

고사성어 뜻 내용쓰기[16]

정자체로 글자 위에 써 보고 자필로 직접 써서 아래 글씨 따라잡기

ㅈ [정자체로 고사성어와 풀이쓰기]

＊절치부심(切齒腐心) : 몹시 분하여 이를 갈고 속을 썩임

절치부심 절치부심 절치부심 절치부심 절치부심

몹시 분하여 이를 갈고 속을 썩임

몹시 분하여 이를 갈고 속을 썩임

＊점입가경(漸入佳境) : 점점 재미있는 경지로 들어감을 뜻함

점입가경 점입가경 점입가경 점입가경 점입가경

점점 재미있는 경지로 들어감을 뜻함

점점 재미있는 경지로 들어감을 뜻함

＊즐풍목우(櫛風沐雨) : 풍진 속에서 어려움과 고생을 겪고 맛봄

즐풍목우 즐풍목우 즐풍목우 즐풍목우 즐풍목우

풍진 속에서 어려움과 고생을 겪고 맛봄

풍진 속에서 어려움과 고생을 겪고 맛봄

고사성어 뜻 내용쓰기[17]

정자체로 글자 위에 써 보고 자필로 직접 써서 아래 글씨 따라잡기

ㅊ [정자체로 고사성어와 풀이쓰기]

* 착해방수(捉蟹放水) : 애만 쓰고 효력이 없다는 뜻

착해방수 착해방수 착해방수 착해방수 착해방수

애만 쓰고 효력이 없다는 뜻

애만 쓰고 효력이 없다는 뜻

* 천방지축(天方地軸) : 급하게 허둥대며 날뛰거나 종착 없이 덤벙거리는 모양

천방지축 천방지축 천방지축 천방지축 천방지축

급하게 허둥대며 날뛰거나 종착 없이 덤벙거리는 모양

급하게 허둥대며 날뛰거나 종착 없이 덤벙거리는 모양

* 취모멱자(吹毛覓疵) : 억지로 남의 단점을 찾아내는 것을 가리킴

취모멱자 취모멱자 취모멱자 취모멱자 취모멱자

억지로 남의 단점을 찾아내는 것을 가리킴

억지로 남의 단점을 찾아내는 것을 가리킴

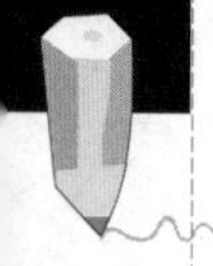

고사성어 뜻 내용쓰기[18]

정자체로 글자 위에 써 보고 자필로 직접 써서 아래 글씨 따라잡기

ㅌ [정자체로 고사성어와 풀이쓰기]

* 탕진가산(蕩盡家産) : 집안 재산을 죄다 없애 버림

탕진가산 탕진가산 탕진가산 탕진가산 탕진가산

집안 재산을 죄다 없애 버림

집안 재산을 죄다 없애 버림

* 태연자약(泰然自若) : 안색이 천연스러운 모양

태연자약 태연자약 태연자약 태연자약 태연자약

안색이 천연스러운 모양

안색이 천연스러운 모양

* 태평성대(太平聖代) : 어진 임금이 다스리는 평화로운 시대

태평성대 태평성대 태평성대 태평성대 태평성대

어진 임금이 다스리는 평화로운 시대

어진 임금이 다스리는 평화로운 시대

고사성어 뜻 내용쓰기[19]

정자체로 글자 위에 써 보고 자필로 직접 써서 아래 글씨 따라잡기

ㅍ [정자체로 고사성어와 풀이쓰기]

* 파란만장(波瀾萬丈) : 인생이나 사업에 기복과 변화가 심함

파란만장 파란만장 파란만장 파란만장 파란만장

인생이나 사업에 기복과 변화가 심함

인생이나 사업에 기복과 변화가 심함

* 파죽지세(破竹之勢) : 세력이 강해 걷잡을 수 없이 쳐들어가는 기세

파죽지세 파죽지세 파죽지세 파죽지세 파죽지세

세력이 강해 걷잡을 수 없이 쳐들어가는 기세

세력이 강해 걷잡을 수 없이 쳐들어가는 기세

* 표리부동(表裏不同) : 마음이 음충맞아서 겉과 속이 다름

표리부동 표리부동 표리부동 표리부동 표리부동

마음이 음충맞아서 겉과 속이 다름

마음이 음충맞아서 겉과 속이 다름

고사성어 뜻 내용쓰기[20]

정자체로 글자 위에 써 보고 자필로 직접 써서 아래 글씨 따라잡기

ㅎ [정자체로 고사성어와 풀이쓰기]

* 허장성세(虛張聲勢) : 실속은 없으면서 큰 소리 치거나 허세를 부리는 짓

허장성세 허장성세 허장성세 허장성세 허장성세

실속은 없으면서 큰 소리 치거나 허세를 부리는 짓

실속은 없으면서 큰 소리 치거나 허세를 부리는 짓

* 호사다마(好事多魔) : 좋은 일에는 방해가 되는 일이 많다는 말

호사다마 호사다마 호사다마 호사다마 호사다마

좋은 일에는 방해가 되는 일이 많다는 말

좋은 일에는 방해가 되는 일이 많다는 말

* 혼정신성(昏定晨省) : 조석으로 부모의 잠자리를 지성으로 돌보아 살핌

혼정신성 혼정신성 혼정신성 혼정신성 혼정신성

조석으로 부모의 잠자리를 지성으로 돌보아 살핌

조석으로 부모의 잠자리를 지성으로 돌보아 살핌

*다음 내용을 정자체로 한 자씩 자필로 직접 써 보세요.

No. 1

<쓰기>

헌법전문

유구한 역사와 전통에 빛나는 우리
대한국민은 3·1운동으로 건립된 대한
민국임시정부의 법통과 불의에 항거한
4·19 민주이념을 계승하고, 조국의 민
주개혁과 평화적 통일의 사명에 입각하
여 정의·인도와 동포애로써 민족의 단
결을 공고히 하고, 모든 사회적 폐습과

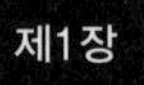

*위 내용을 보고 아래 원고지에 정자체로 또박 또박 연필로 직접 써 보세요.

No. 1

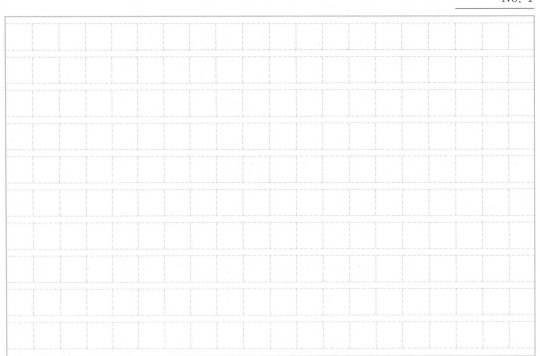

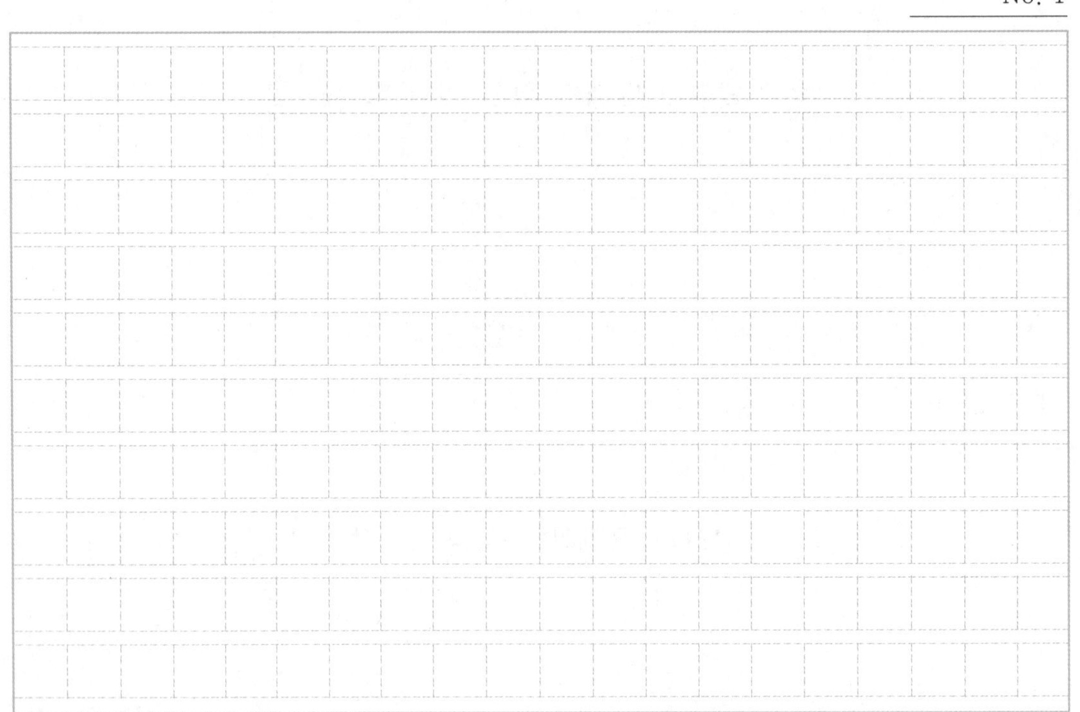

*다음 내용을 정자체로 한 자씩 자필로 직접 써 보세요.

No. 2

불의를 타파하며, 자율과 조화를 바탕으
로 자유민주적 기본질서를 더욱 확고히
하여, 정치·경제·사회·문화의 모든 영
역에 있어서 각인의 기회를 균등히 하
고, 능력을 최고도로 발휘하게 하며, 자
유와 권리에 따르는 책임과 의무를 완
수하게 하여, 안으로는 국민생활의 균등
한 향상을 기하고, 밖으로는 항구적인
세계평화와 인류공영에 이바지함으로써,
우리들과 우리들의 자손의 안전과 자유

*위 내용을 보고 아래 원고지에 정자체로 또박 또박 연필로 직접 써 보세요.

No. 2

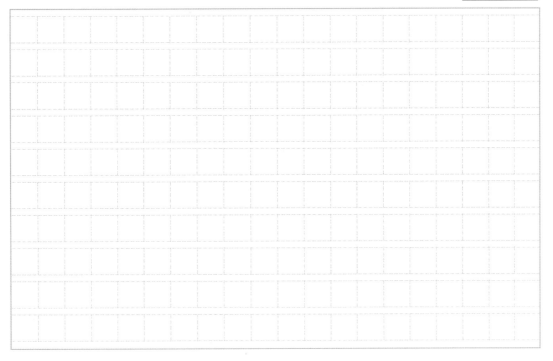

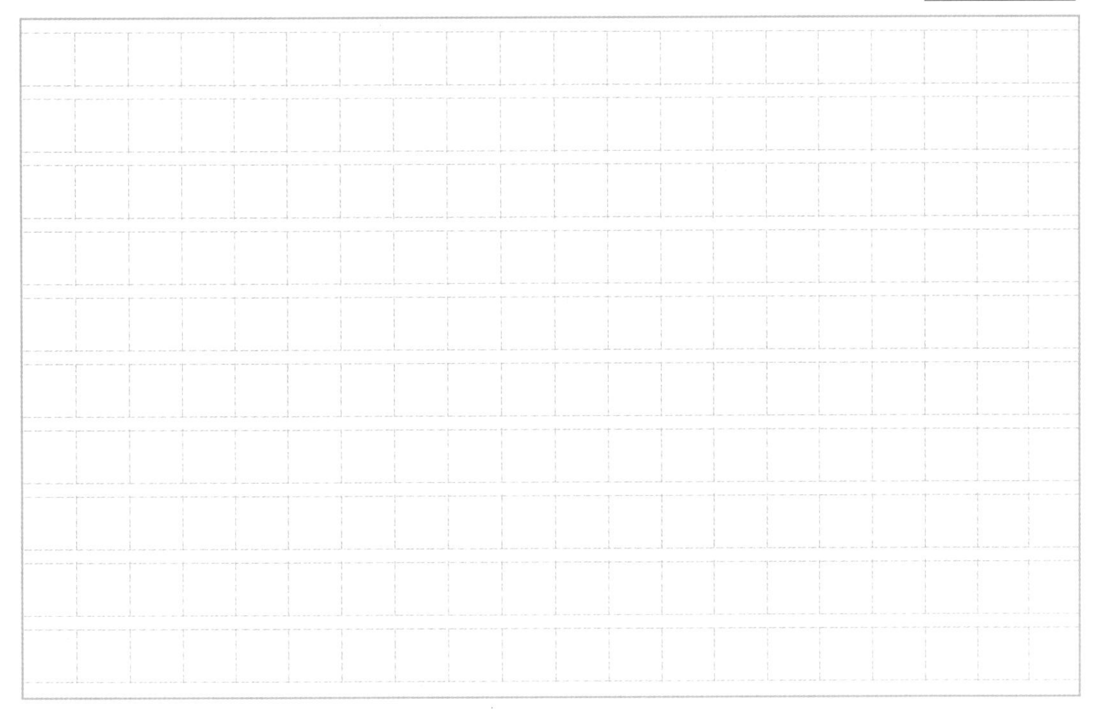

*다음 내용을 정자체로 한 자씩 자필로 직접 써 보세요. No. 3

와 행복을 영원히 확보할 것을 다짐하
면서 1948년 7월 12일 제정되고, 8차
에 걸쳐서 개정된 헌법을 이제 국회의
의결을 거쳐 국민투표에 의하여 개정한
다.

1987년 10월 29일

*위 내용을 보고 아래 원고지에 정자체로 또박 또박 연필로 직접 써 보세요. No. 3

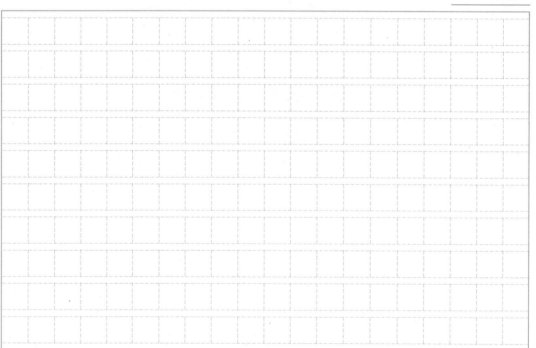

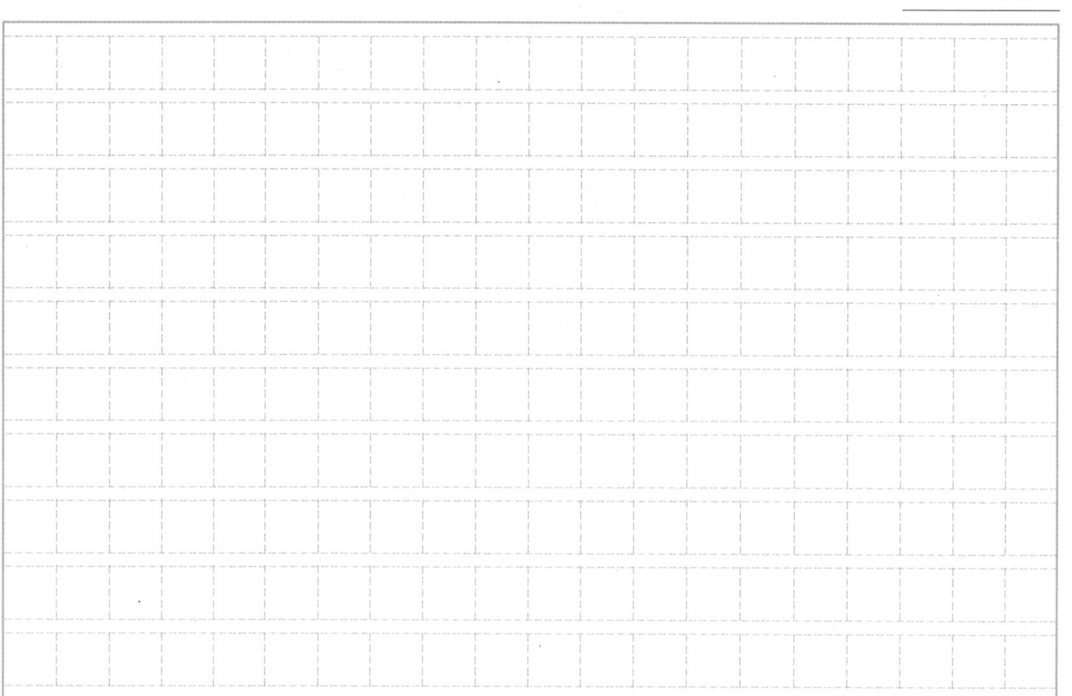

연 필 로 쓰 는 악 필 교 정 기 억 법

아름다운 손글씨 캘리그라피
(Calligraphy)

필기체쓰기 2장

중·고생 및 일반인 명필 숙달편

1단계 자음 기본자 바르게 쓰기
2단계 필기체 자음과 쌍자음·겹받침 쓰기
3단계 모음 합성 글자 쓰기
4단계 한 글자씩 실전 쓰기훈련
5단계 글씨 쓰기연습
6단계 단어 쓰고 문장으로 이어쓰기
7단계 속담풀이 뜻 내용쓰기

여러 유형의 악필 글씨 모음집

친구도 사귀게 되고 새로운 선생님, 친구, 선배형, 누나들과도
어차피 만날 일이다. 우리반은 참 좋은것 같다.
처음에 만날 때는 모두 굳어서 아는 친구들끼리만 웅성웅성
거렸지만 오늘에야 다시 보니 모두들 제법
친해진 모양이다. 그리고 앞으로 3년의 중학 생활에

▲ 어찌 보면 글씨를 잘 쓴 것 같지만 글자의 크기와 정렬에 있어서 미흡하므로 조금만 노력하면 잘 쓸 수 있는 형

▲ 줄의 개념이 없고 또박또박 쓰긴 하였지만 글자의 크기가 일정하지 못하므로 기초부터 다시 잡아야 하는 형

구분	효과(적당한 노출)	부작용(지나친 노출)
자외선	· 살균작용 · 비타민 D 형성 · 적혈구, 백혈구 증가 · 신진대사 촉진	· 화상 · 피부암 · 결막염증
적외선	· 피부 온도상승 · 혈액순환 촉진	· 두통, 현기증 · 일사병

▲ 글자의 기본훈련이 전혀 않되 있는 상태이므로 글자의 크기와 수평적 감각이 떨어지므로 선 긋기부터 다시 훈련해야 하는 형

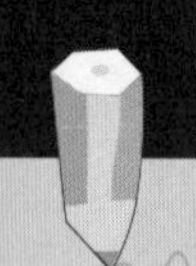

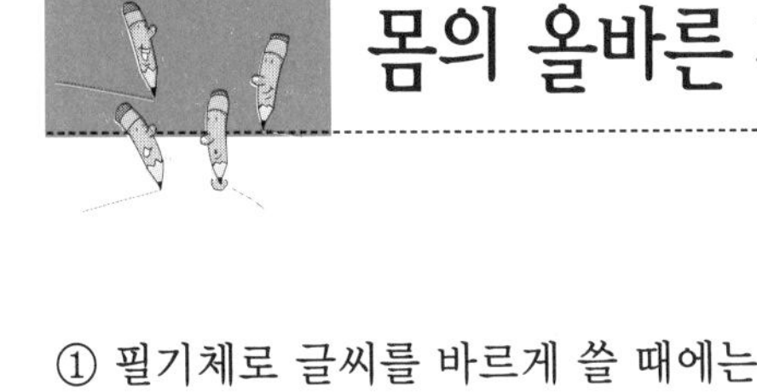

몸의 올바른 자세와 필기체 쓰기법

① 필기체로 글씨를 바르게 쓸 때에는 정자체와 같이 몸의 자세를 바르게 취한 상태에서 몸을 약간 앞으로 숙이고 올바른 자세를 취합니다.

② 노트는 가슴의 중심으로부터 앞에 놓은 상태에서 약 20° 정도 노트를 좌측으로 기우려 놓고 필기할 준비를 합니다.

③ 엄지와 검지로는 필기구를 V자 형태로 마주 잡고 중지로는 가볍게 밑을 받칩니다.

④ 필기체 글씨를 써 나갈 때는 글자의 가로획 수평선을 약 35° 각도로 눕혀서 수평선을 그어 나갑니다.

⑤ 글자의 크기는 일정한 크기로 맞추어 멋있게 쓰면서도 글자 전체가 수평을 유지하고 글자 간격과 크기를 알맞게 맞추어 정확하게 쓰면서도 필기 속도를 유지하여 써가는 것이 중요합니다.

[책상으로부터 필기구의 각도는 약 60°를 유지하는 것이 매우 좋다.]

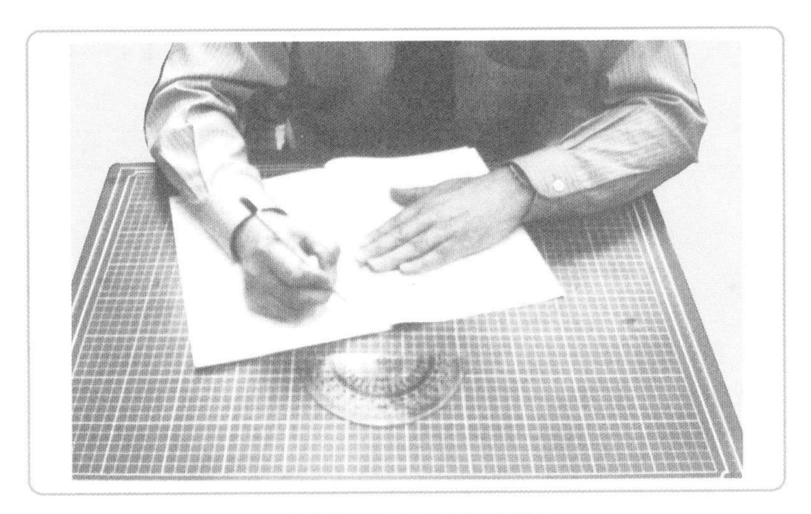

필기체 쓰기의 바른 자세법

1. 필기체 글자의 짜임과 비율 기억하기

*멋있게 글씨를 잘 쓰려면 글자의 수평 경사 각도를 잘 알아야 한다.

[필기체의 가로획의 각도는 약 30°의 경사를 유지하며 쓴다.]

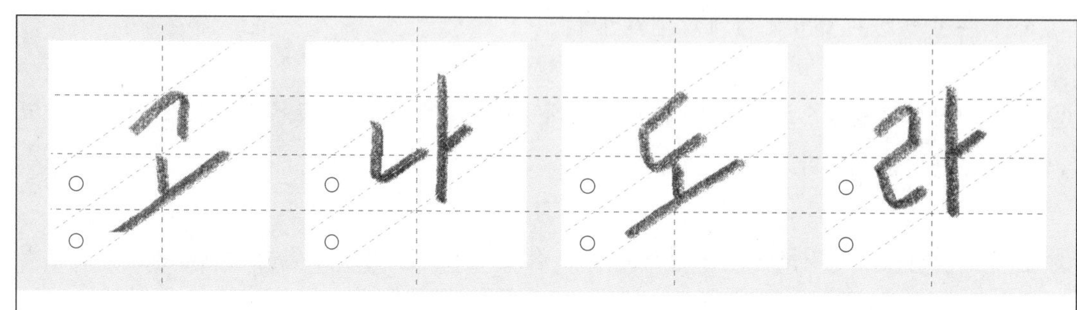

[ㄱ·ㄴ·ㄷ·ㄹ과 ㅗ·ㅏ]의 가로획을 30도 경사 각도를 일정하게 유지하여 간격을 맞추어 쓴다.

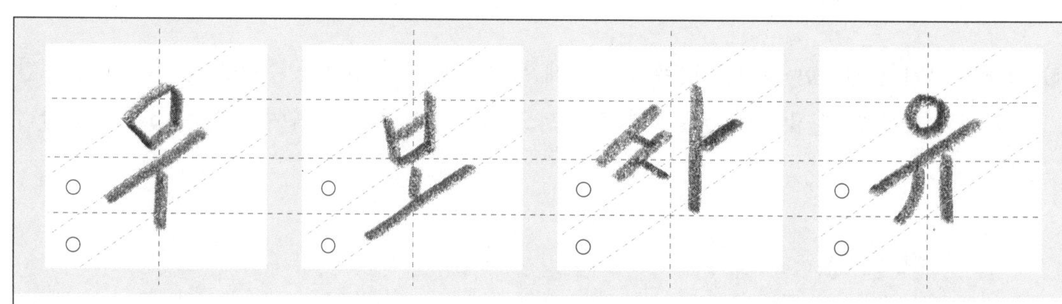

[ㅁ·ㅂ·ㅅ·ㅇ과 ㅜ·ㅗ·ㅑ·ㅠ]의 가로획을 30도 경사 각도를 일정하게 유지하여 간격을 맞추어 쓴다.

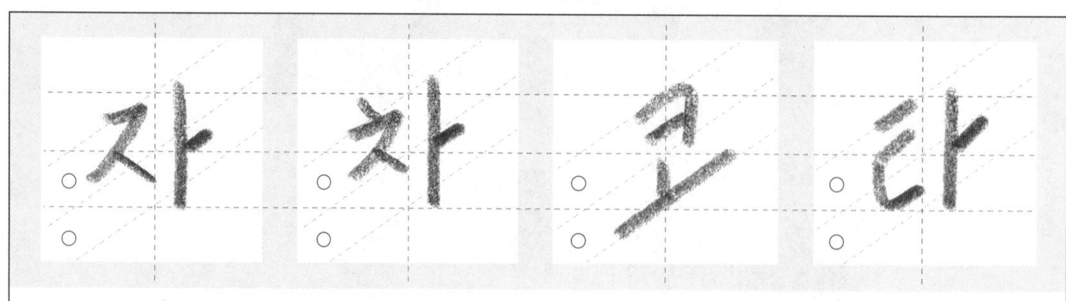

[ㅈ·ㅊ·ㅋ·ㅌ과 ㅏ·ㅗ]의 가로획을 30도 경사 각도를 일정하게 유지하여 간격을 맞추어 쓴다.

2. 필기체 글자의 짜임과 비율 기억하기

*멋있게 글씨를 잘 쓰려면 글자의 수평 경사 각도를 잘 알아야 한다.

[필기체의 가로획의 각도는 약 30° 의 경사를 유지하며 쓴다.]

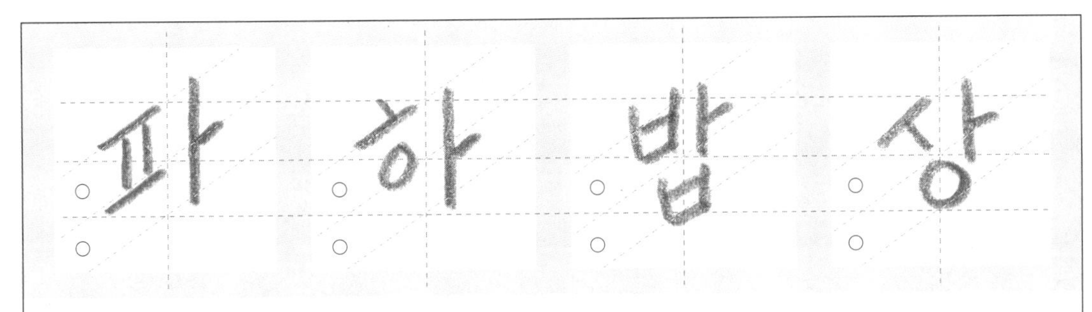

[ㅍ · ㅎ · ㅂ · ㅅ과 모음ㅏ와 받침ㅂ]의 가로획을 30도 경사 각도를 일정하게 유지하여 간격을 맞추어 쓴다.

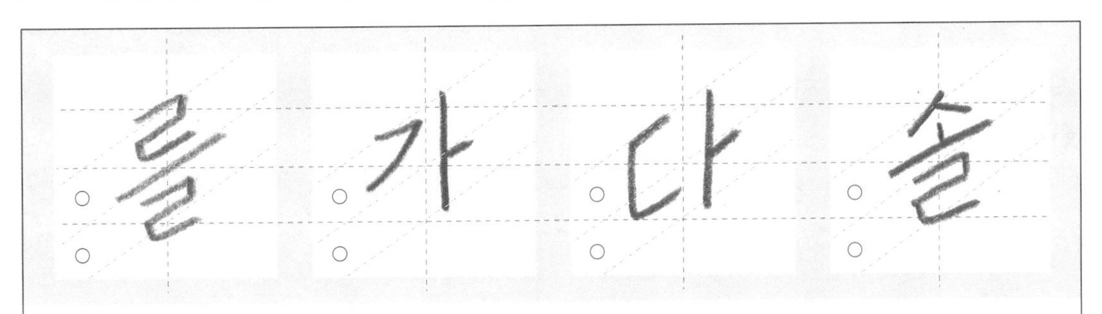

[ㄹ · ㄱ · ㄷ · ㅅ과 ㅡ · ㅏ · ㅗ와 받침ㄹ]의 가로획을 30도 경사 각도를 일정하게 유지하여 간격을 맞추어 쓴다.

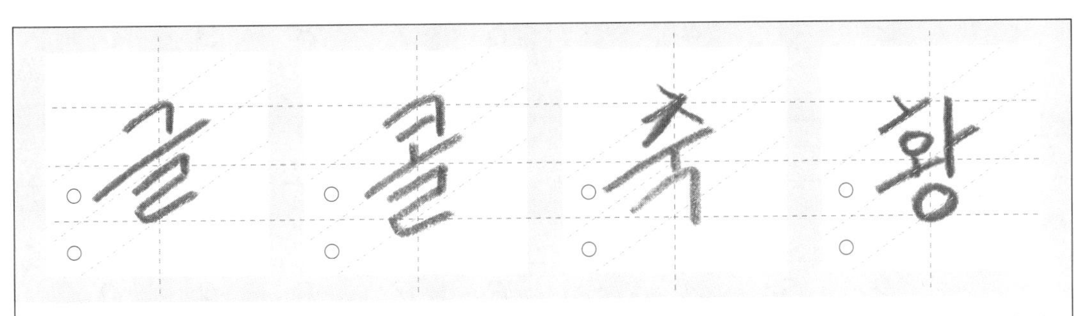

[ㄱ · ㅋ · ㅊ · ㅎ과 ㅡ · ㅗ · ㅜ · ㅏ와 받침ㄹ · ㄱ]의 가로획을 30도 경사 각도를 일정하게 유지하여 간격을 맞추어 쓴다.

아라비아 숫자 필기체 쓰기 [1]

＊ 연필로 천천히 정확하게 따라 쓰세요.

[필기체로 숫자를 눕혀 쓰기연습]

❶

1 2 3 4 5 6 7 8 9 0

1 2 3 4 5 6 7 8 9 0

❷

1 2 3 4 5 6 7 8 9 0

1 2 3 4 5 6 7 8 9 0

❸

1 2 3 4 5 6 7 8 9 0

1 2 3 4 5 6 7 8 9 0

❹

1 2 3 4 5 6 7 8 9 0

1 2 3 4 5 6 7 8 9 0

❺

1 2 3 4 5 6 7 8 9 0

1 2 3 4 5 6 7 8 9 0

아라비아 숫자 필기체 쓰기 [2]

* 연필로 천천히 정확하게 따라 쓰세요.

[필기체로 숫자를 눕혀 쓰기연습]

❻

1	2	3	4	5	6	7	8	9	0
1	2	3	4	5	6	7	8	9	0

❼

1	2	3	4	5	6	7	8	9	0
1	2	3	4	5	6	7	8	9	0

❽

1	2	3	4	5	6	7	8	9	0
1	2	3	4	5	6	7	8	9	0

❾

1	2	3	4	5	6	7	8	9	0
1	2	3	4	5	6	7	8	9	0

❿

1	2	3	4	5	6	7	8	9	0
1	2	3	4	5	6	7	8	9	0

아름다운 손글씨 캘리그라피

1단계 자음 기본 기역자 바르게 쓰기(연습 1)

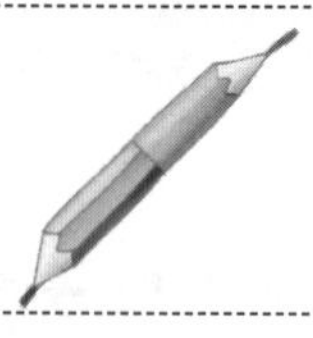

[필기체로 바르게 쓰기] [ㄱ] 자음쓰기 연필로 중첩하여 써 보기 훈련단계

ㄱ ㄱ ㄱ ㄱ ㄱ ㄱ ㄱ ㄱ ㄱ ㄱ ㄱ ㄱ
ㄱ ㄱ ㄱ ㄱ ㄱ ㄱ ㄱ ㄱ ㄱ ㄱ ㄱ ㄱ

ㄱ ㄱ ㄱ ㄱ ㄱ ㄱ ㄱ ㄱ ㄱ ㄱ ㄱ ㄱ
ㄱ ㄱ ㄱ ㄱ ㄱ ㄱ ㄱ ㄱ ㄱ ㄱ ㄱ ㄱ

ㄱ ㄱ ㄱ ㄱ ㄱ ㄱ ㄱ ㄱ ㄱ ㄱ ㄱ ㄱ
ㄱ ㄱ ㄱ ㄱ ㄱ ㄱ ㄱ ㄱ ㄱ ㄱ ㄱ ㄱ

ㄱ ㄱ ㄱ ㄱ ㄱ ㄱ ㄱ ㄱ ㄱ ㄱ ㄱ ㄱ

제2장

직접 써 보기

ㄱ ㄱ ㄱ ㄱ ㄱ ㄱ ㄱ ㄱ ㄱ ㄱ ㄱ ㄱ
ㄱ ㄱ ㄱ ㄱ ㄱ ㄱ ㄱ ㄱ ㄱ ㄱ ㄱ ㄱ

ㄱ ㄱ ㄱ ㄱ ㄱ ㄱ ㄱ ㄱ ㄱ ㄱ ㄱ ㄱ
ㄱ ㄱ ㄱ ㄱ ㄱ ㄱ ㄱ ㄱ ㄱ ㄱ ㄱ ㄱ

ㄱ ㄱ ㄱ ㄱ ㄱ ㄱ ㄱ ㄱ ㄱ ㄱ ㄱ ㄱ
ㄱ ㄱ ㄱ ㄱ ㄱ ㄱ ㄱ ㄱ ㄱ ㄱ ㄱ ㄱ

ㄱ ㄱ ㄱ ㄱ ㄱ ㄱ ㄱ ㄱ ㄱ ㄱ ㄱ ㄱ
ㄱ ㄱ ㄱ ㄱ ㄱ ㄱ ㄱ ㄱ ㄱ ㄱ ㄱ ㄱ

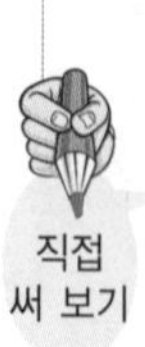

직접 써 보기

자음 기본 니은자 바르게 쓰기(연습 2)

[필기체로 바르게 쓰기] [ㄴ] 자음쓰기 연필로 중첩하여 써 보기 훈련단계

ㄴ ㄴ ㄴ ㄴ ㄴ ㄴ ㄴ ㄴ ㄴ ㄴ ㄴ ㄴ

ㄴ ㄴ ㄴ ㄴ ㄴ ㄴ ㄴ ㄴ ㄴ ㄴ ㄴ ㄴ

ㄴ ㄴ ㄴ ㄴ ㄴ ㄴ ㄴ ㄴ ㄴ ㄴ ㄴ ㄴ

ㄴ ㄴ ㄴ ㄴ ㄴ ㄴ ㄴ ㄴ ㄴ ㄴ ㄴ ㄴ

ㄴ ㄴ ㄴ ㄴ ㄴ ㄴ ㄴ ㄴ ㄴ ㄴ ㄴ ㄴ

ㄴ ㄴ ㄴ ㄴ ㄴ ㄴ ㄴ ㄴ ㄴ ㄴ ㄴ ㄴ

ㄴ ㄴ ㄴ ㄴ ㄴ ㄴ ㄴ ㄴ ㄴ ㄴ ㄴ ㄴ

직접 써 보기

ㄴ ㄴ ㄴ ㄴ ㄴ ㄴ ㄴ ㄴ ㄴ ㄴ ㄴ ㄴ

ㄴ ㄴ ㄴ ㄴ ㄴ ㄴ ㄴ ㄴ ㄴ ㄴ ㄴ ㄴ

ㄴ ㄴ ㄴ ㄴ ㄴ ㄴ ㄴ ㄴ ㄴ ㄴ ㄴ ㄴ

ㄴ ㄴ ㄴ ㄴ ㄴ ㄴ ㄴ ㄴ ㄴ ㄴ ㄴ ㄴ

ㄴ ㄴ ㄴ ㄴ ㄴ ㄴ ㄴ ㄴ ㄴ ㄴ ㄴ ㄴ

ㄴ ㄴ ㄴ ㄴ ㄴ ㄴ ㄴ ㄴ ㄴ ㄴ ㄴ ㄴ

ㄴ ㄴ ㄴ ㄴ ㄴ ㄴ ㄴ ㄴ ㄴ ㄴ ㄴ ㄴ

ㄴ ㄴ ㄴ ㄴ ㄴ ㄴ ㄴ ㄴ ㄴ ㄴ ㄴ ㄴ

ㄴ ㄴ ㄴ ㄴ ㄴ ㄴ ㄴ ㄴ ㄴ ㄴ ㄴ ㄴ

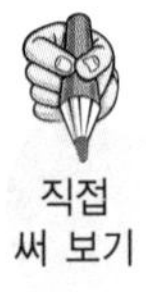

직접 써 보기

자음 기본 ㄷ자 바르게 쓰기(연습 3)

[필기체로 바르게 쓰기] [ㄷ] 자음쓰기 연필로 중첩하여 써 보기 훈련단계

ㄷ ㄷ ㄷ ㄷ ㄷ ㄷ ㄷ ㄷ ㄷ ㄷ ㄷ ㄷ
ㄷ ㄷ ㄷ ㄷ ㄷ ㄷ ㄷ ㄷ ㄷ ㄷ ㄷ ㄷ
ㄷ ㄷ ㄷ ㄷ ㄷ ㄷ ㄷ ㄷ ㄷ ㄷ ㄷ ㄷ
ㄷ ㄷ ㄷ ㄷ ㄷ ㄷ ㄷ ㄷ ㄷ ㄷ ㄷ ㄷ
ㄷ ㄷ ㄷ ㄷ ㄷ ㄷ ㄷ ㄷ ㄷ ㄷ ㄷ ㄷ
ㄷ ㄷ ㄷ ㄷ ㄷ ㄷ ㄷ ㄷ ㄷ ㄷ ㄷ ㄷ
ㄷ ㄷ ㄷ ㄷ ㄷ ㄷ ㄷ ㄷ ㄷ ㄷ ㄷ ㄷ

ㄷ ㄷ ㄷ ㄷ ㄷ ㄷ ㄷ ㄷ ㄷ ㄷ ㄷ ㄷ
ㄷ ㄷ ㄷ ㄷ ㄷ ㄷ ㄷ ㄷ ㄷ ㄷ ㄷ ㄷ
ㄷ ㄷ ㄷ ㄷ ㄷ ㄷ ㄷ ㄷ ㄷ ㄷ ㄷ ㄷ
ㄷ ㄷ ㄷ ㄷ ㄷ ㄷ ㄷ ㄷ ㄷ ㄷ ㄷ ㄷ
ㄷ ㄷ ㄷ ㄷ ㄷ ㄷ ㄷ ㄷ ㄷ ㄷ ㄷ ㄷ
ㄷ ㄷ ㄷ ㄷ ㄷ ㄷ ㄷ ㄷ ㄷ ㄷ ㄷ ㄷ
ㄷ ㄷ ㄷ ㄷ ㄷ ㄷ ㄷ ㄷ ㄷ ㄷ ㄷ ㄷ
ㄷ ㄷ ㄷ ㄷ ㄷ ㄷ ㄷ ㄷ ㄷ ㄷ ㄷ ㄷ

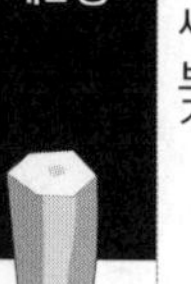

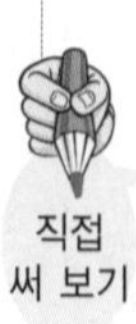

직접 써 보기

자음 기본 리을자 바르게 쓰기(연습 4)

[필기체로 바르게 쓰기] [ㄹ] 자음쓰기 연필로 중첩하여 써 보기 훈련단계

ㄹ	ㄹ	ㄹ	ㄹ	ㄹ	ㄹ	ㄹ	ㄹ	ㄹ	ㄹ	ㄹ	ㄹ
ㄹ	ㄹ	ㄹ	ㄹ	ㄹ	ㄹ	ㄹ	ㄹ	ㄹ	ㄹ	ㄹ	ㄹ
ㄹ	ㄹ	ㄹ	ㄹ	ㄹ	ㄹ	ㄹ	ㄹ	ㄹ	ㄹ	ㄹ	ㄹ
ㄹ	ㄹ	ㄹ	ㄹ	ㄹ	ㄹ	ㄹ	ㄹ	ㄹ	ㄹ	ㄹ	ㄹ
ㄹ	ㄹ	ㄹ	ㄹ	ㄹ	ㄹ	ㄹ	ㄹ	ㄹ	ㄹ	ㄹ	ㄹ
ㄹ	ㄹ	ㄹ	ㄹ	ㄹ	ㄹ	ㄹ	ㄹ	ㄹ	ㄹ	ㄹ	ㄹ
ㄹ	ㄹ	ㄹ	ㄹ	ㄹ	ㄹ	ㄹ	ㄹ	ㄹ	ㄹ	ㄹ	ㄹ
ㄹ	ㄹ	ㄹ	ㄹ	ㄹ	ㄹ	ㄹ	ㄹ	ㄹ	ㄹ	ㄹ	ㄹ
ㄹ	ㄹ	ㄹ	ㄹ	ㄹ	ㄹ	ㄹ	ㄹ	ㄹ	ㄹ	ㄹ	ㄹ
ㄹ	ㄹ	ㄹ	ㄹ	ㄹ	ㄹ	ㄹ	ㄹ	ㄹ	ㄹ	ㄹ	ㄹ
ㄹ	ㄹ	ㄹ	ㄹ	ㄹ	ㄹ	ㄹ	ㄹ	ㄹ	ㄹ	ㄹ	ㄹ
ㄹ	ㄹ	ㄹ	ㄹ	ㄹ	ㄹ	ㄹ	ㄹ	ㄹ	ㄹ	ㄹ	ㄹ
ㄹ	ㄹ	ㄹ	ㄹ	ㄹ	ㄹ	ㄹ	ㄹ	ㄹ	ㄹ	ㄹ	ㄹ
ㄹ	ㄹ	ㄹ	ㄹ	ㄹ	ㄹ	ㄹ	ㄹ	ㄹ	ㄹ	ㄹ	ㄹ
ㄹ	ㄹ	ㄹ	ㄹ	ㄹ	ㄹ	ㄹ	ㄹ	ㄹ	ㄹ	ㄹ	ㄹ

직접 써 보기 ➔

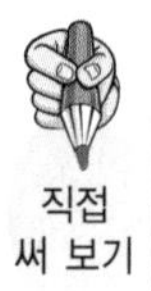

직접 써 보기

자음 기본 미음자 바르게 쓰기(연습 5)

[필기체로 바르게 쓰기] [ㅁ] 자음쓰기 연필로 중첩하여 써 보기 훈련단계

ㅁ	ㅁ	ㅁ	ㅁ	ㅁ	ㅁ	ㅁ	ㅁ	ㅁ	ㅁ	ㅁ	ㅁ
ㅁ	ㅁ	ㅁ	ㅁ	ㅁ	ㅁ	ㅁ	ㅁ	ㅁ	ㅁ	ㅁ	ㅁ
ㅁ	ㅁ	ㅁ	ㅁ	ㅁ	ㅁ	ㅁ	ㅁ	ㅁ	ㅁ	ㅁ	ㅁ
ㅁ	ㅁ	ㅁ	ㅁ	ㅁ	ㅁ	ㅁ	ㅁ	ㅁ	ㅁ	ㅁ	ㅁ
ㅁ	ㅁ	ㅁ	ㅁ	ㅁ	ㅁ	ㅁ	ㅁ	ㅁ	ㅁ	ㅁ	ㅁ
ㅁ	ㅁ	ㅁ	ㅁ	ㅁ	ㅁ	ㅁ	ㅁ	ㅁ	ㅁ	ㅁ	ㅁ
ㅁ	ㅁ	ㅁ	ㅁ	ㅁ	ㅁ	ㅁ	ㅁ	ㅁ	ㅁ	ㅁ	ㅁ
ㅁ	ㅁ	ㅁ	ㅁ	ㅁ	ㅁ	ㅁ	ㅁ	ㅁ	ㅁ	ㅁ	ㅁ
ㅁ	ㅁ	ㅁ	ㅁ	ㅁ	ㅁ	ㅁ	ㅁ	ㅁ	ㅁ	ㅁ	ㅁ
ㅁ	ㅁ	ㅁ	ㅁ	ㅁ	ㅁ	ㅁ	ㅁ	ㅁ	ㅁ	ㅁ	ㅁ
ㅁ	ㅁ	ㅁ	ㅁ	ㅁ	ㅁ	ㅁ	ㅁ	ㅁ	ㅁ	ㅁ	ㅁ
ㅁ	ㅁ	ㅁ	ㅁ	ㅁ	ㅁ	ㅁ	ㅁ	ㅁ	ㅁ	ㅁ	ㅁ
ㅁ	ㅁ	ㅁ	ㅁ	ㅁ	ㅁ	ㅁ	ㅁ	ㅁ	ㅁ	ㅁ	ㅁ
ㅁ	ㅁ	ㅁ	ㅁ	ㅁ	ㅁ	ㅁ	ㅁ	ㅁ	ㅁ	ㅁ	ㅁ
ㅁ	ㅁ	ㅁ	ㅁ	ㅁ	ㅁ	ㅁ	ㅁ	ㅁ	ㅁ	ㅁ	ㅁ

제2장

직접 써 보기

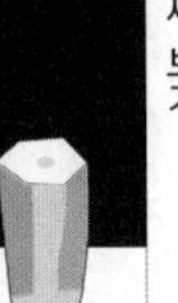

직접 써 보기

자음 기본 비읍자 바르게 쓰기(연습 6)

[필기체로 바르게 쓰기] [ㅂ] 자음쓰기 연필로 중첩하여 써 보기 훈련단계

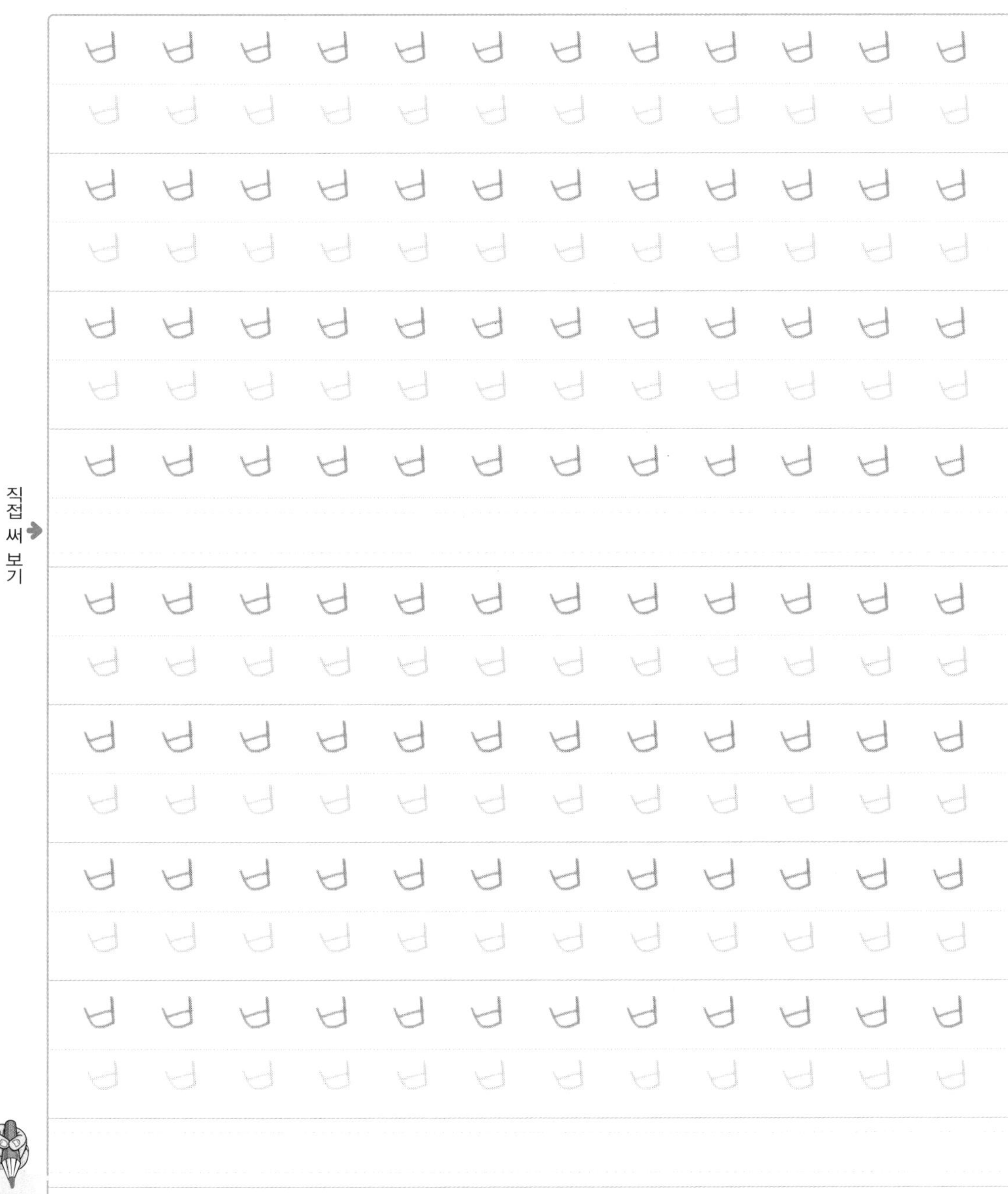

직접 써 보기

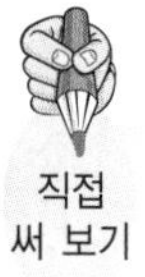

직접 써 보기

자음 기본 시옷자 바르게 쓰기(연습 7)

[필기체로 바르게 쓰기] [ㅅ] 자음쓰기 연필로 중첩하여 써 보기 훈련단계

제2장

직접 써 보기

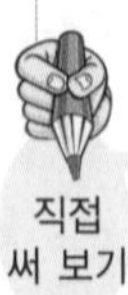

직접 써 보기

자음 기본 이응자 바르게 쓰기(연습 8)

[필기체로 바르게 쓰기] [ㅇ] 자음쓰기 연필로 중첩하여 써 보기 훈련단계

ㅇ	ㅇ	ㅇ	ㅇ	ㅇ	ㅇ	ㅇ	ㅇ	ㅇ	ㅇ	ㅇ	ㅇ
ㅇ	ㅇ	ㅇ	ㅇ	ㅇ	ㅇ	ㅇ	ㅇ	ㅇ	ㅇ	ㅇ	ㅇ
ㅇ	ㅇ	ㅇ	ㅇ	ㅇ	ㅇ	ㅇ	ㅇ	ㅇ	ㅇ	ㅇ	ㅇ
ㅇ	ㅇ	ㅇ	ㅇ	ㅇ	ㅇ	ㅇ	ㅇ	ㅇ	ㅇ	ㅇ	ㅇ
ㅇ	ㅇ	ㅇ	ㅇ	ㅇ	ㅇ	ㅇ	ㅇ	ㅇ	ㅇ	ㅇ	ㅇ
ㅇ	ㅇ	ㅇ	ㅇ	ㅇ	ㅇ	ㅇ	ㅇ	ㅇ	ㅇ	ㅇ	ㅇ
ㅇ	ㅇ	ㅇ	ㅇ	ㅇ	ㅇ	ㅇ	ㅇ	ㅇ	ㅇ	ㅇ	ㅇ
ㅇ	ㅇ	ㅇ	ㅇ	ㅇ	ㅇ	ㅇ	ㅇ	ㅇ	ㅇ	ㅇ	ㅇ
ㅇ	ㅇ	ㅇ	ㅇ	ㅇ	ㅇ	ㅇ	ㅇ	ㅇ	ㅇ	ㅇ	ㅇ
ㅇ	ㅇ	ㅇ	ㅇ	ㅇ	ㅇ	ㅇ	ㅇ	ㅇ	ㅇ	ㅇ	ㅇ
ㅇ	ㅇ	ㅇ	ㅇ	ㅇ	ㅇ	ㅇ	ㅇ	ㅇ	ㅇ	ㅇ	ㅇ
ㅇ	ㅇ	ㅇ	ㅇ	ㅇ	ㅇ	ㅇ	ㅇ	ㅇ	ㅇ	ㅇ	ㅇ
ㅇ	ㅇ	ㅇ	ㅇ	ㅇ	ㅇ	ㅇ	ㅇ	ㅇ	ㅇ	ㅇ	ㅇ
ㅇ	ㅇ	ㅇ	ㅇ	ㅇ	ㅇ	ㅇ	ㅇ	ㅇ	ㅇ	ㅇ	ㅇ
ㅇ	ㅇ	ㅇ	ㅇ	ㅇ	ㅇ	ㅇ	ㅇ	ㅇ	ㅇ	ㅇ	ㅇ

직접 써 보기

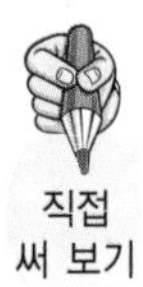

직접 써 보기

자음 기본 지읒자 바르게 쓰기(연습 9)

[필기체로 바르게 쓰기] [ㅈ] 자음쓰기 연필로 중첩하여 써 보기 훈련단계

ㅈ ㅈ ㅈ ㅈ ㅈ ㅈ ㅈ ㅈ ㅈ ㅈ ㅈ ㅈ
ㅈ ㅈ ㅈ ㅈ ㅈ ㅈ ㅈ ㅈ ㅈ ㅈ ㅈ ㅈ
ㅈ ㅈ ㅈ ㅈ ㅈ ㅈ ㅈ ㅈ ㅈ ㅈ ㅈ ㅈ
ㅈ ㅈ ㅈ ㅈ ㅈ ㅈ ㅈ ㅈ ㅈ ㅈ ㅈ ㅈ
ㅈ ㅈ ㅈ ㅈ ㅈ ㅈ ㅈ ㅈ ㅈ ㅈ ㅈ ㅈ
ㅈ ㅈ ㅈ ㅈ ㅈ ㅈ ㅈ ㅈ ㅈ ㅈ ㅈ ㅈ
ㅈ ㅈ ㅈ ㅈ ㅈ ㅈ ㅈ ㅈ ㅈ ㅈ ㅈ ㅈ

직접 써 보기

ㅈ ㅈ ㅈ ㅈ ㅈ ㅈ ㅈ ㅈ ㅈ ㅈ ㅈ ㅈ
ㅈ ㅈ ㅈ ㅈ ㅈ ㅈ ㅈ ㅈ ㅈ ㅈ ㅈ ㅈ
ㅈ ㅈ ㅈ ㅈ ㅈ ㅈ ㅈ ㅈ ㅈ ㅈ ㅈ ㅈ
ㅈ ㅈ ㅈ ㅈ ㅈ ㅈ ㅈ ㅈ ㅈ ㅈ ㅈ ㅈ
ㅈ ㅈ ㅈ ㅈ ㅈ ㅈ ㅈ ㅈ ㅈ ㅈ ㅈ ㅈ
ㅈ ㅈ ㅈ ㅈ ㅈ ㅈ ㅈ ㅈ ㅈ ㅈ ㅈ ㅈ
ㅈ ㅈ ㅈ ㅈ ㅈ ㅈ ㅈ ㅈ ㅈ ㅈ ㅈ ㅈ
ㅈ ㅈ ㅈ ㅈ ㅈ ㅈ ㅈ ㅈ ㅈ ㅈ ㅈ ㅈ

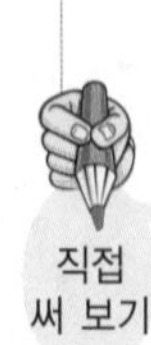

직접 써 보기

자음 기본 치읓자 바르게 쓰기(연습 10)

[필기체로 바르게 쓰기] [ㅊ] 자음쓰기 연필로 중첩하여 써 보기 훈련단계

ㅊ ㅊ ㅊ ㅊ ㅊ ㅊ ㅊ ㅊ ㅊ ㅊ ㅊ ㅊ

ㅊ ㅊ ㅊ ㅊ ㅊ ㅊ ㅊ ㅊ ㅊ ㅊ ㅊ ㅊ

ㅊ ㅊ ㅊ ㅊ ㅊ ㅊ ㅊ ㅊ ㅊ ㅊ ㅊ ㅊ

ㅊ ㅊ ㅊ ㅊ ㅊ ㅊ ㅊ ㅊ ㅊ ㅊ ㅊ ㅊ

ㅊ ㅊ ㅊ ㅊ ㅊ ㅊ ㅊ ㅊ ㅊ ㅊ ㅊ ㅊ

ㅊ ㅊ ㅊ ㅊ ㅊ ㅊ ㅊ ㅊ ㅊ ㅊ ㅊ ㅊ

ㅊ ㅊ ㅊ ㅊ ㅊ ㅊ ㅊ ㅊ ㅊ ㅊ ㅊ ㅊ

직접 써 보기

ㅊ ㅊ ㅊ ㅊ ㅊ ㅊ ㅊ ㅊ ㅊ ㅊ ㅊ ㅊ

ㅊ ㅊ ㅊ ㅊ ㅊ ㅊ ㅊ ㅊ ㅊ ㅊ ㅊ ㅊ

ㅊ ㅊ ㅊ ㅊ ㅊ ㅊ ㅊ ㅊ ㅊ ㅊ ㅊ ㅊ

ㅊ ㅊ ㅊ ㅊ ㅊ ㅊ ㅊ ㅊ ㅊ ㅊ ㅊ ㅊ

ㅊ ㅊ ㅊ ㅊ ㅊ ㅊ ㅊ ㅊ ㅊ ㅊ ㅊ ㅊ

ㅊ ㅊ ㅊ ㅊ ㅊ ㅊ ㅊ ㅊ ㅊ ㅊ ㅊ ㅊ

ㅊ ㅊ ㅊ ㅊ ㅊ ㅊ ㅊ ㅊ ㅊ ㅊ ㅊ ㅊ

ㅊ ㅊ ㅊ ㅊ ㅊ ㅊ ㅊ ㅊ ㅊ ㅊ ㅊ ㅊ

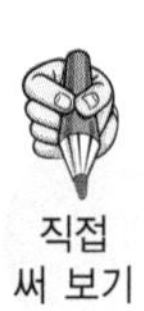

직접
써 보기

자음 기본 키읔자 바르게 쓰기(연습 11)

[필기체로 바르게 쓰기] [ㅋ] 자음쓰기 연필로 중첩하여 써 보기 훈련단계

ㅋ	ㅋ	ㅋ	ㅋ	ㅋ	ㅋ	ㅋ	ㅋ	ㅋ	ㅋ	ㅋ	ㅋ
ㅋ	ㅋ	ㅋ	ㅋ	ㅋ	ㅋ	ㅋ	ㅋ	ㅋ	ㅋ	ㅋ	ㅋ
ㅋ	ㅋ	ㅋ	ㅋ	ㅋ	ㅋ	ㅋ	ㅋ	ㅋ	ㅋ	ㅋ	ㅋ
ㅋ	ㅋ	ㅋ	ㅋ	ㅋ	ㅋ	ㅋ	ㅋ	ㅋ	ㅋ	ㅋ	ㅋ
ㅋ	ㅋ	ㅋ	ㅋ	ㅋ	ㅋ	ㅋ	ㅋ	ㅋ	ㅋ	ㅋ	ㅋ
ㅋ	ㅋ	ㅋ	ㅋ	ㅋ	ㅋ	ㅋ	ㅋ	ㅋ	ㅋ	ㅋ	ㅋ
ㅋ	ㅋ	ㅋ	ㅋ	ㅋ	ㅋ	ㅋ	ㅋ	ㅋ	ㅋ	ㅋ	ㅋ
ㅋ	ㅋ	ㅋ	ㅋ	ㅋ	ㅋ	ㅋ	ㅋ	ㅋ	ㅋ	ㅋ	ㅋ
ㅋ	ㅋ	ㅋ	ㅋ	ㅋ	ㅋ	ㅋ	ㅋ	ㅋ	ㅋ	ㅋ	ㅋ
ㅋ	ㅋ	ㅋ	ㅋ	ㅋ	ㅋ	ㅋ	ㅋ	ㅋ	ㅋ	ㅋ	ㅋ
ㅋ	ㅋ	ㅋ	ㅋ	ㅋ	ㅋ	ㅋ	ㅋ	ㅋ	ㅋ	ㅋ	ㅋ
ㅋ	ㅋ	ㅋ	ㅋ	ㅋ	ㅋ	ㅋ	ㅋ	ㅋ	ㅋ	ㅋ	ㅋ
ㅋ	ㅋ	ㅋ	ㅋ	ㅋ	ㅋ	ㅋ	ㅋ	ㅋ	ㅋ	ㅋ	ㅋ
ㅋ	ㅋ	ㅋ	ㅋ	ㅋ	ㅋ	ㅋ	ㅋ	ㅋ	ㅋ	ㅋ	ㅋ
ㅋ	ㅋ	ㅋ	ㅋ	ㅋ	ㅋ	ㅋ	ㅋ	ㅋ	ㅋ	ㅋ	ㅋ

제2장

직접 써 보기

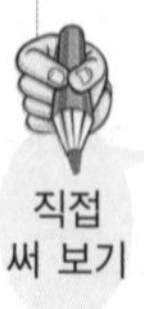

직접 써 보기

자음 기본 티읕자 바르게 쓰기(연습 12)

[필기체로 바르게 쓰기] [ㅌ] 자음쓰기 연필로 중첩하여 써 보기 훈련단계

직접 써 보기

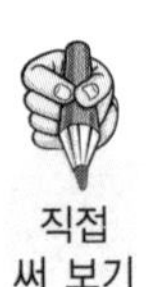

직접 써 보기

자음 기본 피읖자 바르게 쓰기(연습 13)

[필기체로 바르게 쓰기] [ㅍ] 자음쓰기 연필로 중첩하여 써 보기 훈련단계

ㅍ	ㅍ	ㅍ	ㅍ	ㅍ	ㅍ	ㅍ	ㅍ	ㅍ	ㅍ	ㅍ	ㅍ
ㅍ	ㅍ	ㅍ	ㅍ	ㅍ	ㅍ	ㅍ	ㅍ	ㅍ	ㅍ	ㅍ	ㅍ
ㅍ	ㅍ	ㅍ	ㅍ	ㅍ	ㅍ	ㅍ	ㅍ	ㅍ	ㅍ	ㅍ	ㅍ
ㅍ	ㅍ	ㅍ	ㅍ	ㅍ	ㅍ	ㅍ	ㅍ	ㅍ	ㅍ	ㅍ	ㅍ
ㅍ	ㅍ	ㅍ	ㅍ	ㅍ	ㅍ	ㅍ	ㅍ	ㅍ	ㅍ	ㅍ	ㅍ
ㅍ	ㅍ	ㅍ	ㅍ	ㅍ	ㅍ	ㅍ	ㅍ	ㅍ	ㅍ	ㅍ	ㅍ
ㅍ	ㅍ	ㅍ	ㅍ	ㅍ	ㅍ	ㅍ	ㅍ	ㅍ	ㅍ	ㅍ	ㅍ
ㅍ	ㅍ	ㅍ	ㅍ	ㅍ	ㅍ	ㅍ	ㅍ	ㅍ	ㅍ	ㅍ	ㅍ
ㅍ	ㅍ	ㅍ	ㅍ	ㅍ	ㅍ	ㅍ	ㅍ	ㅍ	ㅍ	ㅍ	ㅍ
ㅍ	ㅍ	ㅍ	ㅍ	ㅍ	ㅍ	ㅍ	ㅍ	ㅍ	ㅍ	ㅍ	ㅍ
ㅍ	ㅍ	ㅍ	ㅍ	ㅍ	ㅍ	ㅍ	ㅍ	ㅍ	ㅍ	ㅍ	ㅍ
ㅍ	ㅍ	ㅍ	ㅍ	ㅍ	ㅍ	ㅍ	ㅍ	ㅍ	ㅍ	ㅍ	ㅍ
ㅍ	ㅍ	ㅍ	ㅍ	ㅍ	ㅍ	ㅍ	ㅍ	ㅍ	ㅍ	ㅍ	ㅍ
ㅍ	ㅍ	ㅍ	ㅍ	ㅍ	ㅍ	ㅍ	ㅍ	ㅍ	ㅍ	ㅍ	ㅍ
ㅍ	ㅍ	ㅍ	ㅍ	ㅍ	ㅍ	ㅍ	ㅍ	ㅍ	ㅍ	ㅍ	ㅍ

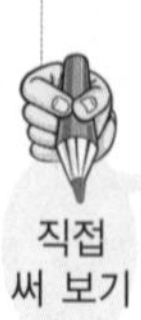

직접 써 보기

자음 기본 히읗자 바르게 쓰기(연습 14)

[필기체로 바르게 쓰기] [ㅎ] 자음쓰기 연필로 중첩하여 써 보기 훈련단계

ㅎ ㅎ ㅎ ㅎ ㅎ ㅎ ㅎ ㅎ ㅎ ㅎ ㅎ ㅎ
ㅎ ㅎ ㅎ ㅎ ㅎ ㅎ ㅎ ㅎ ㅎ ㅎ ㅎ ㅎ
ㅎ ㅎ ㅎ ㅎ ㅎ ㅎ ㅎ ㅎ ㅎ ㅎ ㅎ ㅎ
ㅎ ㅎ ㅎ ㅎ ㅎ ㅎ ㅎ ㅎ ㅎ ㅎ ㅎ ㅎ
ㅎ ㅎ ㅎ ㅎ ㅎ ㅎ ㅎ ㅎ ㅎ ㅎ ㅎ ㅎ
ㅎ ㅎ ㅎ ㅎ ㅎ ㅎ ㅎ ㅎ ㅎ ㅎ ㅎ ㅎ
ㅎ ㅎ ㅎ ㅎ ㅎ ㅎ ㅎ ㅎ ㅎ ㅎ ㅎ ㅎ

직접 써 보기

ㅎ ㅎ ㅎ ㅎ ㅎ ㅎ ㅎ ㅎ ㅎ ㅎ ㅎ ㅎ
ㅎ ㅎ ㅎ ㅎ ㅎ ㅎ ㅎ ㅎ ㅎ ㅎ ㅎ ㅎ
ㅎ ㅎ ㅎ ㅎ ㅎ ㅎ ㅎ ㅎ ㅎ ㅎ ㅎ ㅎ
ㅎ ㅎ ㅎ ㅎ ㅎ ㅎ ㅎ ㅎ ㅎ ㅎ ㅎ ㅎ
ㅎ ㅎ ㅎ ㅎ ㅎ ㅎ ㅎ ㅎ ㅎ ㅎ ㅎ ㅎ
ㅎ ㅎ ㅎ ㅎ ㅎ ㅎ ㅎ ㅎ ㅎ ㅎ ㅎ ㅎ
ㅎ ㅎ ㅎ ㅎ ㅎ ㅎ ㅎ ㅎ ㅎ ㅎ ㅎ ㅎ
ㅎ ㅎ ㅎ ㅎ ㅎ ㅎ ㅎ ㅎ ㅎ ㅎ ㅎ ㅎ

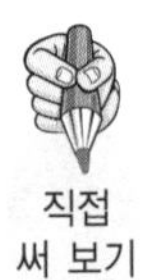

직접 써 보기

2 단계 필기체 자음과 쌍자음·겹받침 쓰기

필기체로 자음 ㄱ·ㄴ·ㄷ 직접 쓰기연습[1]

*사각 안 중심 점선에 맞추어 천천히 중첩하여 바르게 써 보세요.

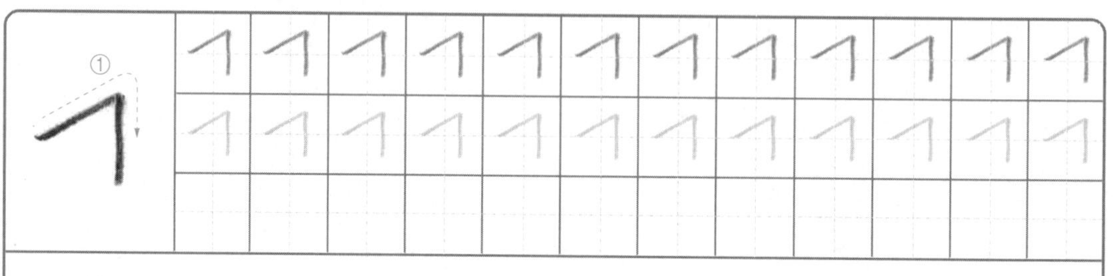

기역 : 가로획을 수평으로 바르게 긋고 이어서 수직으로 꺾어서 똑바로 그어 내려온다.

니은 : 수직으로 바르게 내려긋고 이어서 수평으로 꺾어서 가로획을 반듯하게 긋는다.

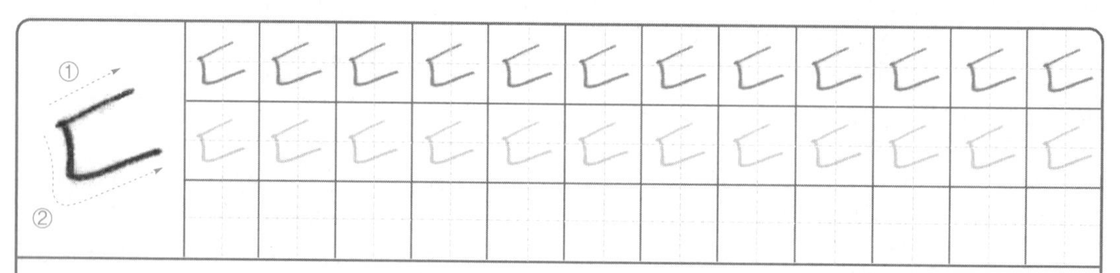

디귿 : 가로획을 수평으로 반듯하게 긋고 나서 자연스럽게 니은자를 연결하듯 똑바로 이어 긋는다.

필기체로 자음 ㄹ·ㅁ·ㅂ 직접 쓰기연습[2]

*사각 안 중심 점선에 맞추어 천천히 중첩하여 바르게 써 보세요.

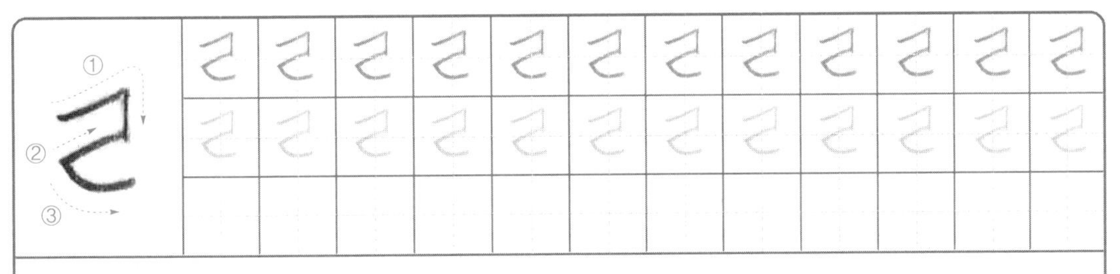

리을 : 기역을 쓰듯이 가로획을 바르게 긋고 수직으로 내려온 후 다시 가로획을 긋고 나서 니은을 쓰듯이 똑바로 연결한다. 이때 위아래 간격이 일치하여야 한다.

미음 : 세로획을 수직으로 내려 긋고 나서 기역자를 쓰듯이 가로획을 수평으로 긋고 이어서 수직으로 내려 그은 다음 아래 가로획도 수평을 유지하여 마무리한다.

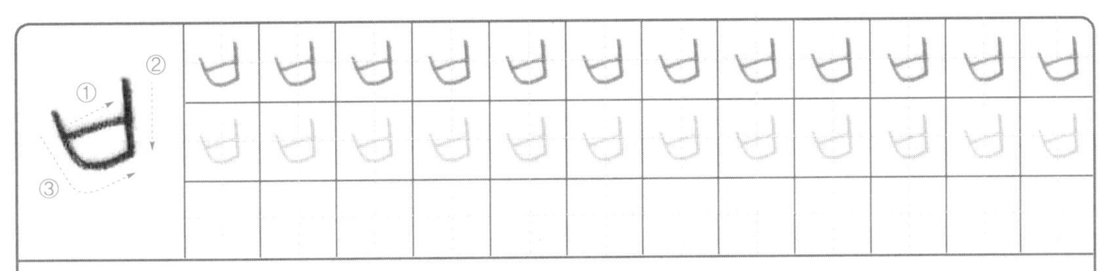

비읍 : 필순과는 조금 다르지만 수직으로 내려 그어 니은자 형식으로 바르게 쓴 다음 ㅓ자를 쓰듯이 가로획을 긋고 이어서 세로획으로 마무리 한다.

필기체로 자음 ㅅ·ㅇ·ㅈ 직접 쓰기연습[3]

*사각 안 중심 점선에 맞추어 천천히 중첩하여 바르게 써 보세요.

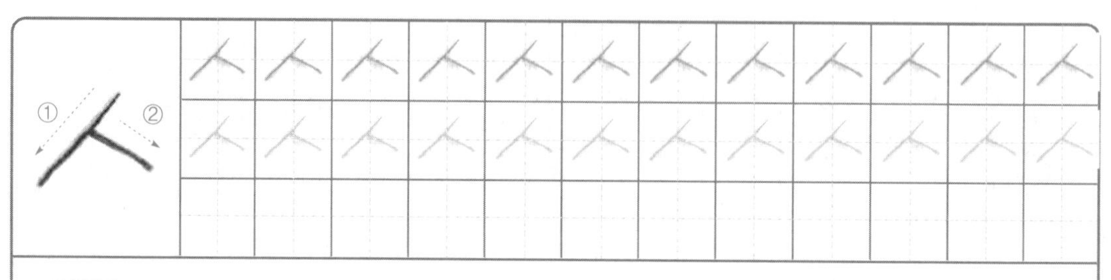

시옷 : [수]자의 경우는 좌측으로 대각선을 삐치어 긋고 나서 ㅅ 3분의 1지점 위쪽 위치에서 우측의 대각선을 이어 바르게 긋는다.

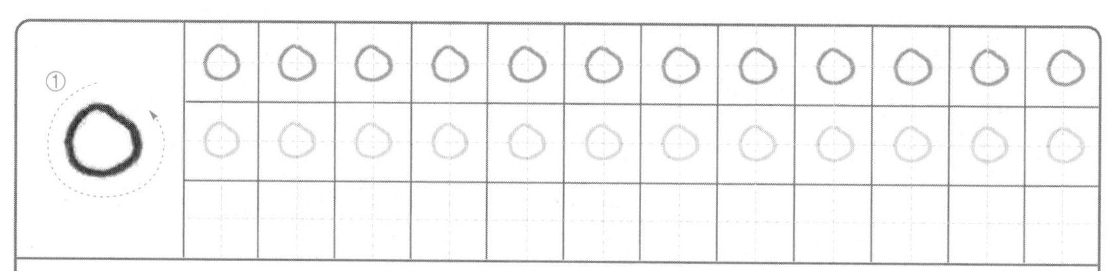

이응 : 원의 중심선으로부터 시작하여 좌에서 우 방향으로 한번에 이어서 동그랗게 연결시킨다.

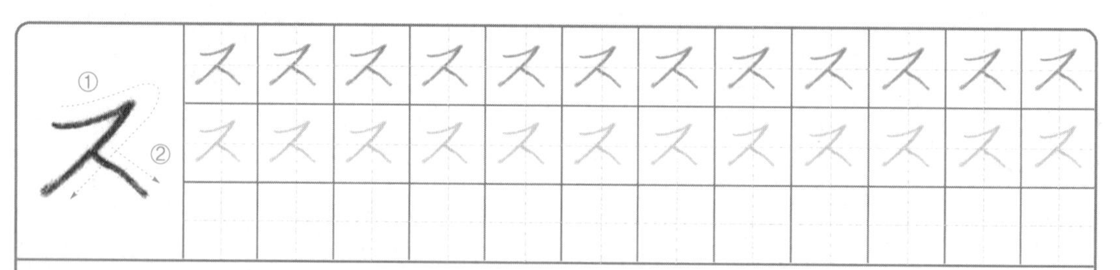

지읒 : [가]자를 쓰듯이 ㄱ자를 쓰고 나서 [자 · 주]자에 따라서 2분의 1지점 또는 위쪽의 3분의 1지점에 우측의 대각선을 이어 긋는다.

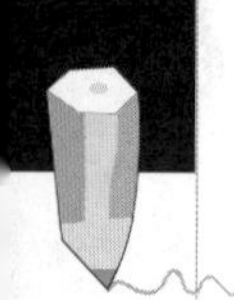

필기체로 자음 ㅊ·ㅋ·ㅌ 직접 쓰기연습[4]

*사각 안 중심 점선에 맞추어 천천히 중첩하여 바르게 써 보세요.

치읓 : 가로획을 수평으로 짧게 내려 긋고 나서 ㅈ자 쓰기와 같게 수평을 맞추어 자연스럽게 윗선에 맞추어 바르게 받쳐 쓴다.

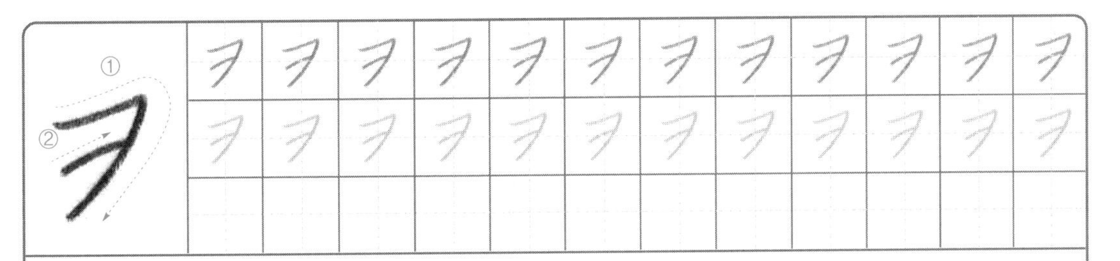

키읔 : [ㄱ]자를 수평에 맞추어 먼저 쓰고 나서 가로획을 가볍게 그어 세로획의 2분에 1지점에 이어 붙인다.

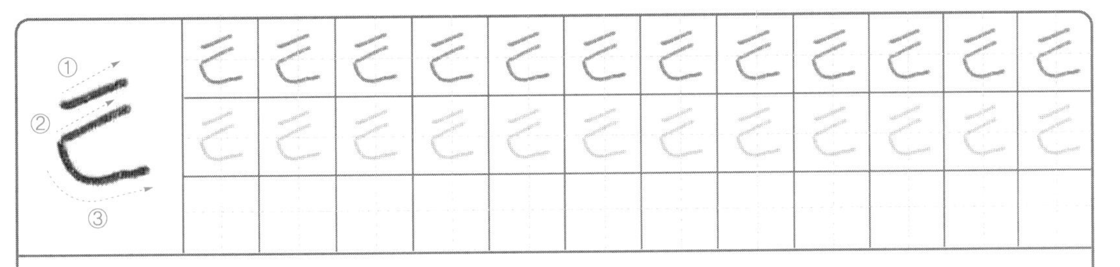

티읕 : 위의 가로획을 먼저 수평으로 긋고 나서 ㄷ자 쓰기와 같은 방법으로 위 수평에 맞추어 아래 간격을 일정하게 하여 쓴다.

필기체로 자음 ㅍ·ㅎ·ㅅ 직접 쓰기연습[5]

*사각 안 중심 점선에 맞추어 천천히 중첩하여 바르게 써 보세요.

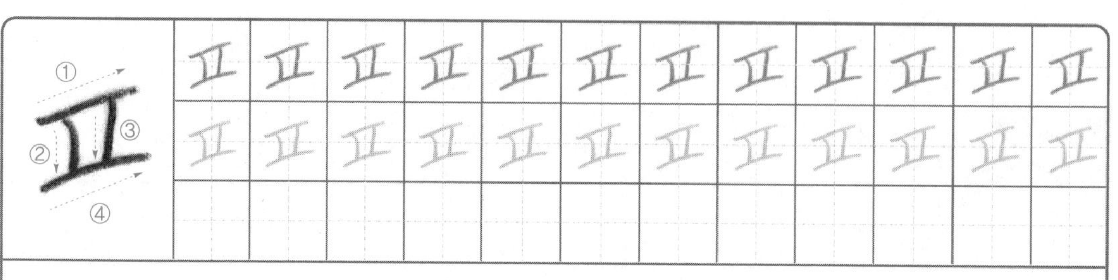

피읖 : 위의 가로획을 수평으로 긋고 나서 세로획은 중심으로부터 좌·우 쪽으로 두 번 수직으로 그은 다음 아래 가로획으로 마무리한다.

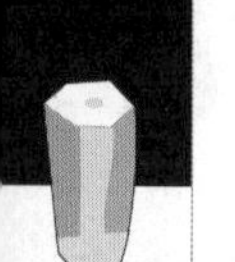

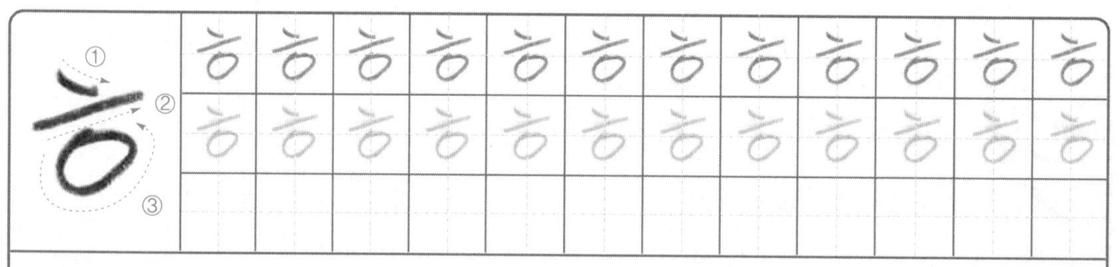

히읗 : 위의 가로획을 수평으로 짧게 내려 긋고 나서 두 번째 가로획은 조금 길게 그은 다음 ㅇ자는 중심에 맞추어 동그랗게 마무리한다.

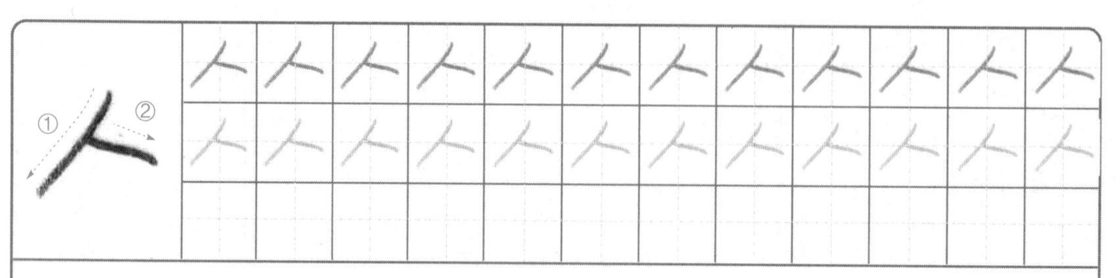

시옷 : [사]자의 경우는 좌측의 대각선을 삐치어 긋고 나서 ㅅ 2분의 1지점 중간에 위치에서 우측의 대각선을 이어 긋는다.

필기체로 쌍자음 ㄲ·ㄸ·ㅃ 겹받침 쓰기연습[1]

＊사각 안 중심 점선에 맞추어 천천히 중첩하여 바르게 써 보세요.

[꾸 · 꾼 · 까 · 꺼] 등

ㄲ	ㄲ	ㄲ	ㄲ	ㄲ	ㄲ	ㄲ	ㄲ	ㄲ	ㄲ	ㄲ	ㄲ	ㄲ
	ㄲ	ㄲ	ㄲ	ㄲ	ㄲ	ㄲ	ㄲ	ㄲ	ㄲ	ㄲ	ㄲ	ㄲ

쌍기역 : 좌측에 기역을 수평으로 바르게 쓰고 나서 우측에 기역도 같은 방법으로 크기와 위치를 맞추어 나란히 쓴다.

[뜨 · 또 · 뚜 · 따] 등

ㄸ	ㄸ	ㄸ	ㄸ	ㄸ	ㄸ	ㄸ	ㄸ	ㄸ	ㄸ	ㄸ	ㄸ	ㄸ
	ㄸ	ㄸ	ㄸ	ㄸ	ㄸ	ㄸ	ㄸ	ㄸ	ㄸ	ㄸ	ㄸ	ㄸ

쌍디귿 : 좌측의 디귿을 수평으로 바르게 쓰고 나서 우측의 디귿도 같은 방법으로 크기와 위치를 맞추어 나란히 쓴다.

[뿌 · 뽀 · 삐 · 빠] 등

ㅃ	ㅃ	ㅃ	ㅃ	ㅃ	ㅃ	ㅃ	ㅃ	ㅃ	ㅃ	ㅃ	ㅃ	ㅃ
	ㅃ	ㅃ	ㅃ	ㅃ	ㅃ	ㅃ	ㅃ	ㅃ	ㅃ	ㅃ	ㅃ	ㅃ

쌍비읍 : 좌측의 비읍을 수평으로 바르게 쓰고 나서 우측의 비읍도 같은 방법으로 크기와 위치를 맞추어 나란히 쓴다.

필기체로 쌍자음 ㅆ·ㅉ·ㄵ 겹받침 쓰기연습[2]

*사각 안 중심 점선에 맞추어 천천히 중첩하여 바르게 써 보세요.

[싸·쑤·써·쏘] 등

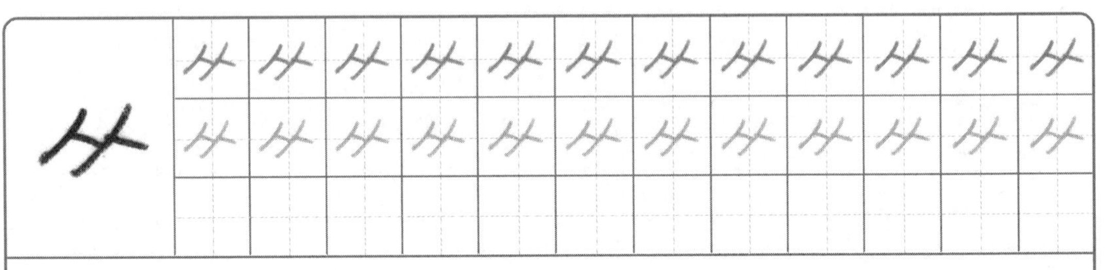

쌍시옷 : 좌측에 시옷을 수평으로 바르게 쓰고 나서 우측의 시옷도 같은 방법으로 크기와 위치를 맞추어 나란히 쓴다.

[짜·찌·쭈·쪼] 등

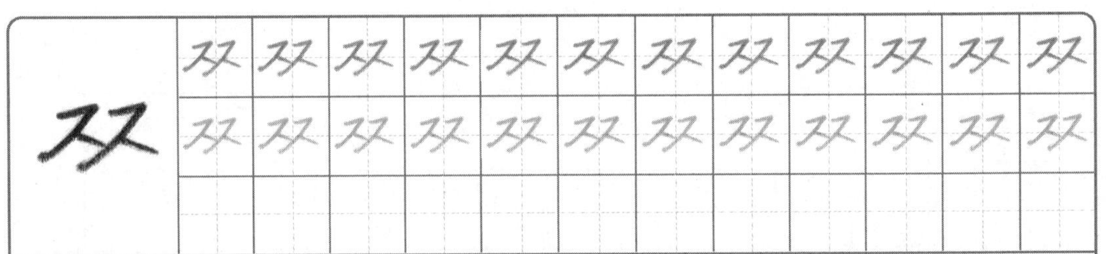

쌍지읒 : 좌측에 지읒을 수평으로 바르게 쓰고 나서 우측의 지읒도 같은 방법으로 크기와 위치를 맞추어 나란히 쓴다.

[앉다]

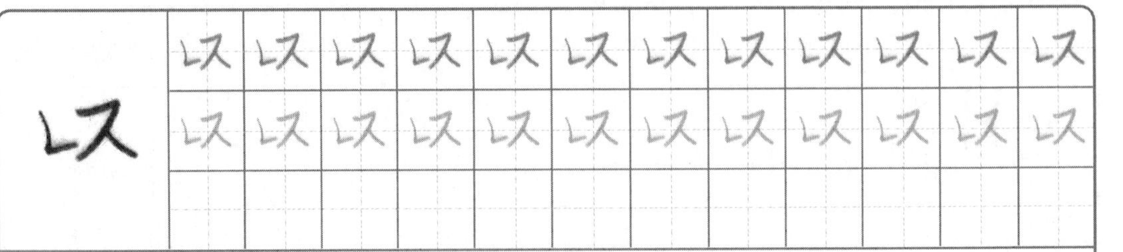

ㄴㅈ : 의자에 앉다.
(니은과 지읒을 수평을 맞추어 나란히 겹받침으로 쓴다.)

필기체로 쌍자음 ㄶ·ㄺ·ㄻ 겹받침 쓰기연습[3]

*사각 안 중심 점선에 맞추어 천천히 중첩하여 바르게 써 보세요.

[않다]

ㄶ	ㄶ	ㄶ	ㄶ	ㄶ	ㄶ	ㄶ	ㄶ	ㄶ	ㄶ	ㄶ	ㄶ	ㄶ
	ㄶ	ㄶ	ㄶ	ㄶ	ㄶ	ㄶ	ㄶ	ㄶ	ㄶ	ㄶ	ㄶ	ㄶ

ㄴㅎ : 물건을 사지 않다.
(니은과 히읗을 수평을 맞추어 나란히 겹받침으로 쓴다.)

[맑다]

ㄺ	ㄺ	ㄺ	ㄺ	ㄺ	ㄺ	ㄺ	ㄺ	ㄺ	ㄺ	ㄺ	ㄺ	ㄺ
	ㄺ	ㄺ	ㄺ	ㄺ	ㄺ	ㄺ	ㄺ	ㄺ	ㄺ	ㄺ	ㄺ	ㄺ

ㄹㄱ : 날씨가 맑다.
(리을과 기역을 수평을 맞추어 나란히 겹받침으로 쓴다.)

[젊다]

ㄻ	ㄻ	ㄻ	ㄻ	ㄻ	ㄻ	ㄻ	ㄻ	ㄻ	ㄻ	ㄻ	ㄻ	ㄻ
	ㄻ	ㄻ	ㄻ	ㄻ	ㄻ	ㄻ	ㄻ	ㄻ	ㄻ	ㄻ	ㄻ	ㄻ

ㄹㅁ : 마음이 젊다.
(리을과 미음을 수평을 맞추어 나란히 겹받침으로 쓴다.)

필기체로 쌍자음 ㄼ · ㅄ · ㄿ 겹받침 쓰기연습[4]

＊사각 안 중심 점선에 맞추어 천천히 중첩하여 바르게 써 보세요.

[밟다]

ㄼ

ㄼ	ㄼ	ㄼ	ㄼ	ㄼ	ㄼ	ㄼ	ㄼ	ㄼ	ㄼ	ㄼ	ㄼ
ㄼ	ㄼ	ㄼ	ㄼ	ㄼ	ㄼ	ㄼ	ㄼ	ㄼ	ㄼ	ㄼ	ㄼ

ㄹㅂ : 발로 밟다.
(리읕과 비읍을 수평을 맞추어 나란히 겹받침으로 쓴다.)

[없다]

ㅄ

ㅄ	ㅄ	ㅄ	ㅄ	ㅄ	ㅄ	ㅄ	ㅄ	ㅄ	ㅄ	ㅄ	ㅄ
ㅄ	ㅄ	ㅄ	ㅄ	ㅄ	ㅄ	ㅄ	ㅄ	ㅄ	ㅄ	ㅄ	ㅄ

ㅂㅅ : 아무도 없다.
(비읍과 시옷을 수평을 맞추어 나란히 겹받침으로 쓴다.)

[읊다]

ㄿ

ㄿ	ㄿ	ㄿ	ㄿ	ㄿ	ㄿ	ㄿ	ㄿ	ㄿ	ㄿ	ㄿ	ㄿ
ㄿ	ㄿ	ㄿ	ㄿ	ㄿ	ㄿ	ㄿ	ㄿ	ㄿ	ㄿ	ㄿ	ㄿ

ㄹㅍ : 시를 읊다.
(리읕과 피읖을 수평을 맞추어 나란히 겹받침으로 쓴다.)

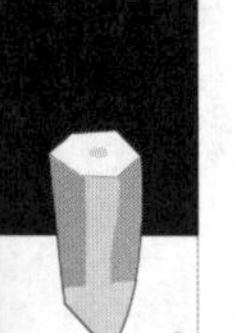

필기체로 모음 ㅏ·ㅑ·ㅓ 직접 쓰기연습[1]

*사각 안 중심 점선에 맞추어 천천히 중첩하여 바르게 써 보세요.

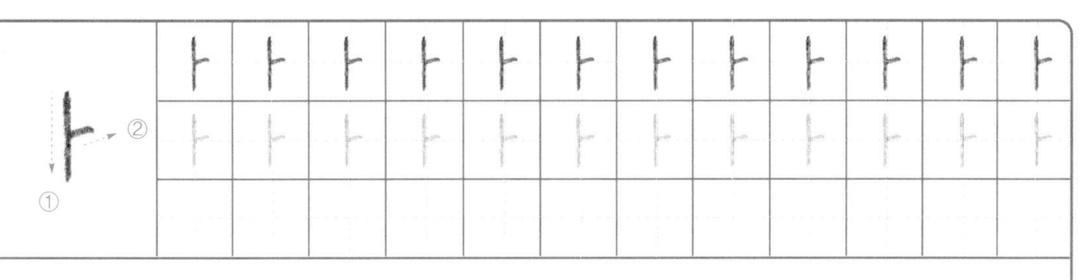

아 : ㅏ자는 수직으로 똑바로 내려긋고 나서 세로의 2분의 1중간 지점에 가로획을 수평으로 바르게 긋는다.

ㅑ ①②③	ㅑ	ㅑ	ㅑ	ㅑ	ㅑ	ㅑ	ㅑ	ㅑ	ㅑ	ㅑ	ㅑ	ㅑ
	ㅑ	ㅑ	ㅑ	ㅑ	ㅑ	ㅑ	ㅑ	ㅑ	ㅑ	ㅑ	ㅑ	ㅑ

야 : ㅑ자의 세로선을 수직으로 똑바로 내려긋고 나서 세로의 중심으로부터 가로획을 두 번 수평으로 바르게 긋는다.

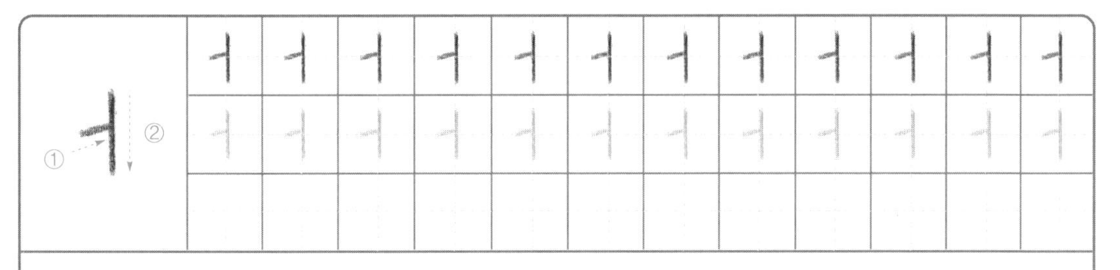

어 : ㅓ자는 가로획을 먼저 수평으로 바르게 긋고 나서 세로획은 수직으로 곧게 내려 긋는다.

필기체로 모음 ㅕ·ㅗ·ㅛ 직접 쓰기연습[2]

*사각 안 중심 점선에 맞추어 천천히 중첩하여 바르게 써 보세요.

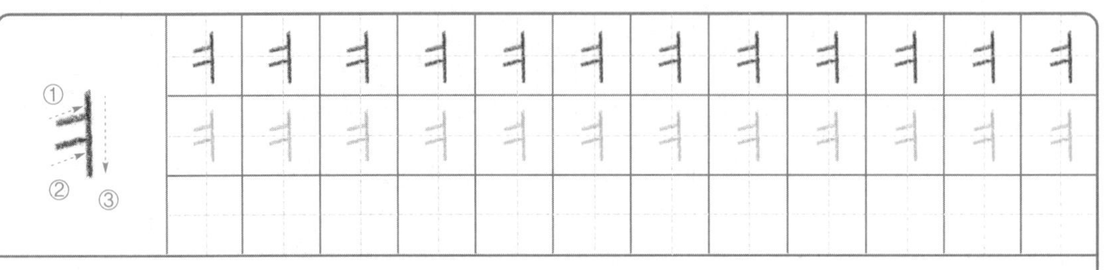

여 : ㅕ자는 중심으로부터 가로획을 먼저 위아래 두 번 수평으로 바르게 긋고 나서 세로획은 수직으로 곧게 내려 긋는다.

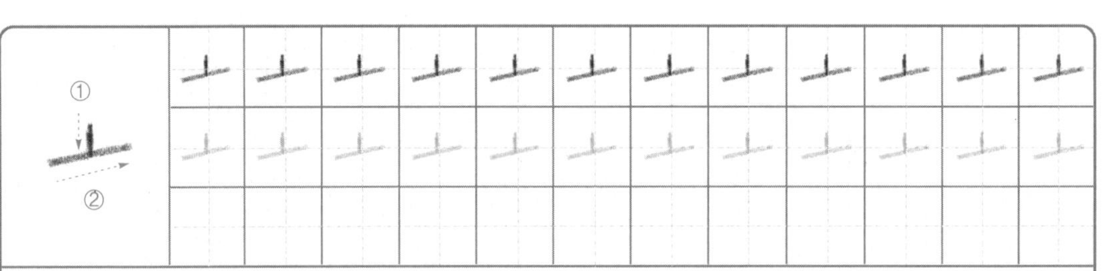

오 : ㅗ자는 중심으로부터 세로획을 수직으로 바르게 긋고 나서 아래 가로획은 수평으로 긋는다.

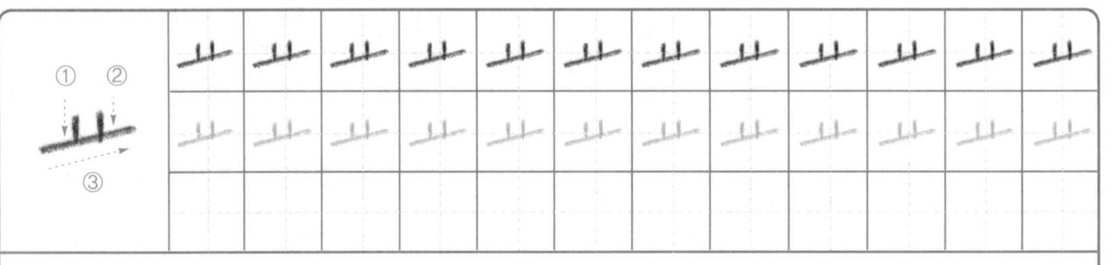

요 : ㅛ자는 중심으로부터 세로획을 짧게 두 번 수직으로 바르게 긋고 나서 가로획은 수평으로 긋는다.

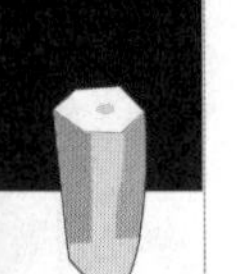

필기체로 모음 ㅜ·ㅠ·ㅐ 직접 쓰기연습[3]

※사각 안 중심 점선에 맞추어 천천히 중첩하여 바르게 써 보세요.

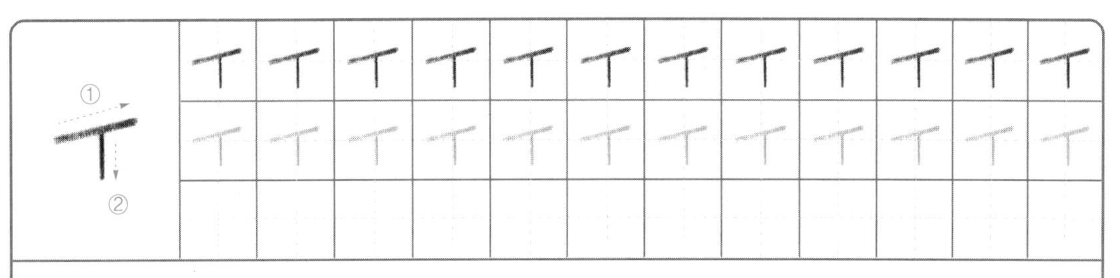

① ②	ㅜ	ㅜ	ㅜ	ㅜ	ㅜ	ㅜ	ㅜ	ㅜ	ㅜ	ㅜ	ㅜ	ㅜ
	ㅜ	ㅜ	ㅜ	ㅜ	ㅜ	ㅜ	ㅜ	ㅜ	ㅜ	ㅜ	ㅜ	ㅜ

우 : ㅜ자는 가로획을 수평으로 바르게 긋고 나서 세로획은 중심으로 부터 수직으로 곧게 내려 긋는다.

① ② ③	ㅠ	ㅠ	ㅠ	ㅠ	ㅠ	ㅠ	ㅠ	ㅠ	ㅠ	ㅠ	ㅠ	ㅠ
	ㅠ	ㅠ	ㅠ	ㅠ	ㅠ	ㅠ	ㅠ	ㅠ	ㅠ	ㅠ	ㅠ	ㅠ

유 : ㅠ자는 가로획을 수평으로 바르게 긋고 나서 세로획은 중심으로 부터 수직으로 두 번 곧게 내려 긋는다.

① ② ③	ㅐ	ㅐ	ㅐ	ㅐ	ㅐ	ㅐ	ㅐ	ㅐ	ㅐ	ㅐ	ㅐ	ㅐ
	ㅐ	ㅐ	ㅐ	ㅐ	ㅐ	ㅐ	ㅐ	ㅐ	ㅐ	ㅐ	ㅐ	ㅐ

애 : ㅐ자는 세로획을 먼저 수직으로 긋고 나서 가로획은 수평으로 바르게 긋고 다시 세로획을 수직으로 조금 길게 내려 긋는다.

필기체로 모음 ㅒ·ㅔ·ㅖ 직접 쓰기연습[4]

*사각 안 중심 점선에 맞추어 천천히 중첩하여 바르게 써 보세요.

ㅒ ①②③④	ㅒ	ㅒ	ㅒ	ㅒ	ㅒ	ㅒ	ㅒ	ㅒ	ㅒ	ㅒ	ㅒ	ㅒ
	ㅒ	ㅒ	ㅒ	ㅒ	ㅒ	ㅒ	ㅒ	ㅒ	ㅒ	ㅒ	ㅒ	ㅒ

얘 : ㅒ자는 세로획을 먼저 바르게 긋고 나서 가로획은 수평으로 두 번 긋고 다시 세로획을 수직으로 조금 길게 내려 긋는다.

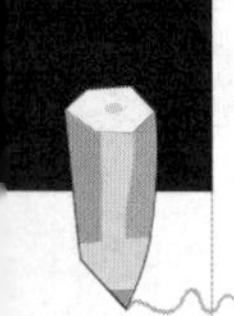

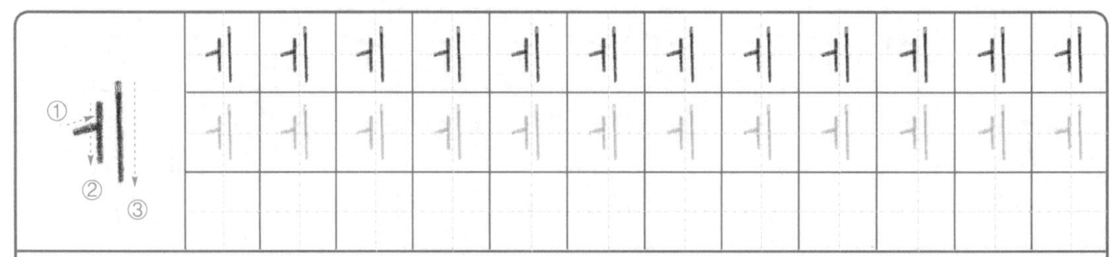

에 : ㅔ자는 중심으로부터 가로획을 수평으로 바르게 긋고 나서 세로 획을 두 번 수직으로 곧게 내려 긋는다.

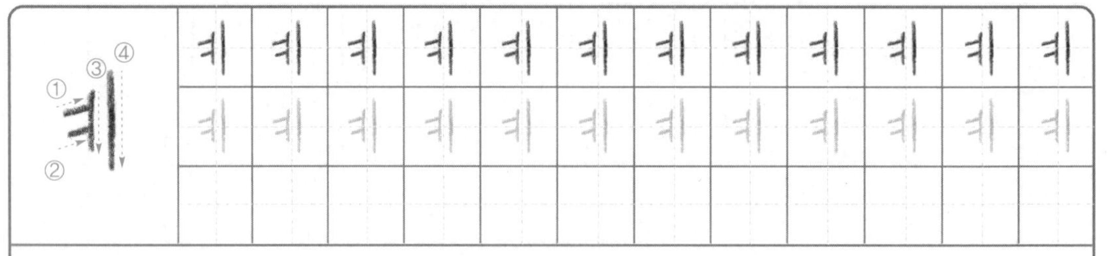

예 : ㅖ자는 중심선으로부터 위아래 같은 간격으로 가로획을 짧게 두 번 수평으로 긋고 나서 세로획은 수직으로 두 번 곧게 내려 긋는다.

필기체로 모음 ㅘ·ㅙ·ㅢ 직접 쓰기연습[5]

＊사각 안 중심 점선에 맞추어 천천히 중첩하여 바르게 써 보세요.

ㅘ ①②③④	ㅘ	ㅘ	ㅘ	ㅘ	ㅘ	ㅘ	ㅘ	ㅘ	ㅘ	ㅘ	ㅘ	ㅘ
	ㅘ	ㅘ	ㅘ	ㅘ	ㅘ	ㅘ	ㅘ	ㅘ	ㅘ	ㅘ	ㅘ	ㅘ

와 : ㅘ자는 세로획을 짧게 수직으로 긋고 나서 가로획은 수평으로 긋고 다음 다시 세로획을 긋고 나서 가로획은 짧게 수평으로 긋는다.

ㅙ ①②③④⑤	ㅙ	ㅙ	ㅙ	ㅙ	ㅙ	ㅙ	ㅙ	ㅙ	ㅙ	ㅙ	ㅙ	ㅙ
	ㅙ	ㅙ	ㅙ	ㅙ	ㅙ	ㅙ	ㅙ	ㅙ	ㅙ	ㅙ	ㅙ	ㅙ

왜 : ㅙ자는 세로획을 짧게 수직으로 긋고 나서 가로획은 수평으로 긋고 다시 세로획을 수직으로 곧게 긋고 가로획도 수평으로 짧게 긋고 세로획은 길게 내려 긋는다.

ㅢ ①②	ㅢ	ㅢ	ㅢ	ㅢ	ㅢ	ㅢ	ㅢ	ㅢ	ㅢ	ㅢ	ㅢ	ㅢ
	ㅢ	ㅢ	ㅢ	ㅢ	ㅢ	ㅢ	ㅢ	ㅢ	ㅢ	ㅢ	ㅢ	ㅢ

의 : ㅢ자는 중심으로부터 약간 아래쪽에서 가로획을 길게 수평으로긋고 나서 세로획은 수직으로 곧게 내려 긋는다.

3 단계

아름다운 손글씨 캘리그라피

[극]자 모음 합성 글자 쓰기

1. [그 +ㄱ=극] 연필로 글자 위를 중첩하여 써 보세요.

* 극~응까지 자 · 모음 합성글자 필기체로 기초쓰기 연습

극 극 극 극 극 극 극 극 극 극 극 극
극 극 극 극 극 극 극 극 극 극 극 극
극 극 극 극 극 극 극 극 극 극 극 극
극 극 극 극 극 극 극 극 극 극 극 극
극 극 극 극 극 극 극 극 극 극 극 극
극 극 극 극 극 극 극 극 극 극 극 극
극 극 극 극 극 극 극 극 극 극 극 극

극 극 극 극 극 극 극 극 극 극 극 극
극 극 극 극 극 극 극 극 극 극 극 극
극 극 극 극 극 극 극 극 극 극 극 극
극 극 극 극 극 극 극 극 극 극 극 극
극 극 극 극 극 극 극 극 극 극 극 극
극 극 극 극 극 극 극 극 극 극 극 극
극 극 극 극 극 극 극 극 극 극 극 극
극 극 극 극 극 극 극 극 극 극 극 극

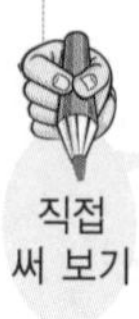

직접 써 보기

[근]자 모음 합성 글자쓰기

2. [그 +ㄴ =근] 연필로 글자 위를 중첩하여 써 보세요.

＊ 극~응까지 자 · 모음 합성글자 필기체로 기초쓰기 연습

직접 써 보기

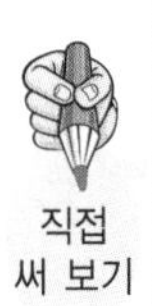

직접 써 보기

[늑]자 모음 합성 글자쓰기

3. [느 +ㄱ=늑] 연필로 글자 위를 중첩하여 써 보세요.

* 극~응까지 자 · 모음 합성글자 필기체로 기초쓰기 연습

늑	늑	늑	늑	늑	늑	늑	늑	늑	늑	늑	늑
늑	늑	늑	늑	늑	늑	늑	늑	늑	늑	늑	늑
늑	늑	늑	늑	늑	늑	늑	늑	늑	늑	늑	늑
늑	늑	늑	늑	늑	늑	늑	늑	늑	늑	늑	늑
늑	늑	늑	늑	늑	늑	늑	늑	늑	늑	늑	늑
늑	늑	늑	늑	늑	늑	늑	늑	늑	늑	늑	늑
늑	늑	늑	늑	늑	늑	늑	늑	늑	늑	늑	늑
늑	늑	늑	늑	늑	늑	늑	늑	늑	늑	늑	늑
늑	늑	늑	늑	늑	늑	늑	늑	늑	늑	늑	늑
늑	늑	늑	늑	늑	늑	늑	늑	늑	늑	늑	늑
늑	늑	늑	늑	늑	늑	늑	늑	늑	늑	늑	늑
늑	늑	늑	늑	늑	늑	늑	늑	늑	늑	늑	늑
늑	늑	늑	늑	늑	늑	늑	늑	늑	늑	늑	늑
늑	늑	늑	늑	늑	늑	늑	늑	늑	늑	늑	늑
늑	늑	늑	늑	늑	늑	늑	늑	늑	늑	늑	늑

제2장 직접 써 보기

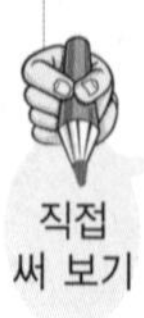

직접 써 보기

[는]자 모음 합성 글자쓰기

4. [느 +ㄴ =는] 연필로 글자 위를 중첩하여 써 보세요.

* 극~응까지 자 · 모음 합성글자 필기체로 기초쓰기 연습

는 는 는 는 는 는 는 는 는 는 는 는
는 는 는 는 는 는 는 는 는 는 는 는
는 는 는 는 는 는 는 는 는 는 는 는
는 는 는 는 는 는 는 는 는 는 는 는
는 는 는 는 는 는 는 는 는 는 는 는
는 는 는 는 는 는 는 는 는 는 는 는
는 는 는 는 는 는 는 는 는 는 는 는

직접 써 보기

는 는 는 는 는 는 는 는 는 는 는 는
는 는 는 는 는 는 는 는 는 는 는 는
는 는 는 는 는 는 는 는 는 는 는 는
는 는 는 는 는 는 는 는 는 는 는 는
는 는 는 는 는 는 는 는 는 는 는 는
는 는 는 는 는 는 는 는 는 는 는 는
는 는 는 는 는 는 는 는 는 는 는 는
는 는 는 는 는 는 는 는 는 는 는 는

직접 써 보기

[득]자 모음 합성 글자쓰기

5. [드 +ㄱ=득] 연필로 글자 위를 중첩하여 써 보세요.

* 극~응까지 자 · 모음 합성글자 필기체로 기초쓰기 연습

득 득 득 득 득 득 득 득 득 득 득 득
득 득 득 득 득 득 득 득 득 득 득 득

득 득 득 득 득 득 득 득 득 득 득 득
득 득 득 득 득 득 득 득 득 득 득 득

득 득 득 득 득 득 득 득 득 득 득 득
득 득 득 득 득 득 득 득 득 득 득 득

득 득 득 득 득 득 득 득 득 득 득 득

직접 써 보기

득 득 득 득 득 득 득 득 득 득 득 득
득 득 득 득 득 득 득 득 득 득 득 득

득 득 득 득 득 득 득 득 득 득 득 득
득 득 득 득 득 득 득 득 득 득 득 득

득 득 득 득 득 득 득 득 득 득 득 득
득 득 득 득 득 득 득 득 득 득 득 득

득 득 득 득 득 득 득 득 득 득 득 득
득 득 득 득 득 득 득 득 득 득 득 득

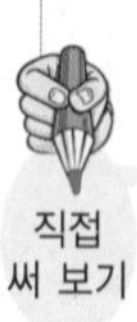

직접 써 보기

[듣]자 모음 합성 글자쓰기

6. [ㄷ +ㄴ =듣] 연필로 글자 위를 중첩하여 써 보세요.

* 극~응까지 자 · 모음 합성글자 필기체로 기초쓰기 연습

듣 듣 듣 듣 듣 듣 듣 듣 듣 듣 듣 듣
듣 듣 듣 듣 듣 듣 듣 듣 듣 듣 듣 듣
듣 듣 듣 듣 듣 듣 듣 듣 듣 듣 듣 듣
듣 듣 듣 듣 듣 듣 듣 듣 듣 듣 듣 듣
듣 듣 듣 듣 듣 듣 듣 듣 듣 듣 듣 듣
듣 듣 듣 듣 듣 듣 듣 듣 듣 듣 듣 듣
듣 듣 듣 듣 듣 듣 듣 듣 듣 듣 듣 듣

직접 써 보기

듣 듣 듣 듣 듣 듣 듣 듣 듣 듣 듣 듣
듣 듣 듣 듣 듣 듣 듣 듣 듣 듣 듣 듣
듣 듣 듣 듣 듣 듣 듣 듣 듣 듣 듣 듣
듣 듣 듣 듣 듣 듣 듣 듣 듣 듣 듣 듣
듣 듣 듣 듣 듣 듣 듣 듣 듣 듣 듣 듣
듣 듣 듣 듣 듣 듣 듣 듣 듣 듣 듣 듣
듣 듣 듣 듣 듣 듣 듣 듣 듣 듣 듣 듣
듣 듣 듣 듣 듣 듣 듣 듣 듣 듣 듣 듣

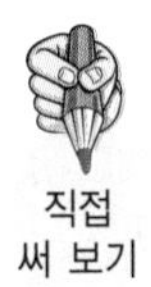

직접 써 보기

[를]자 모음 합성 글자쓰기

7. [르 +ㄹ=를] 연필로 글자 위를 중첩하여 써 보세요.

* 극~응까지 자 · 모음 합성글자 필기체로 기초쓰기 연습

를 를 를 를 를 를 를 를 를 를 를 를
를 를 를 를 를 를 를 를 를 를 를 를
를 를 를 를 를 를 를 를 를 를 를 를
를 를 를 를 를 를 를 를 를 를 를 를
를 를 를 를 를 를 를 를 를 를 를 를
를 를 를 를 를 를 를 를 를 를 를 를
를 를 를 를 를 를 를 를 를 를 를 를
를 를 를 를 를 를 를 를 를 를 를 를
를 를 를 를 를 를 를 를 를 를 를 를
를 를 를 를 를 를 를 를 를 를 를 를
를 를 를 를 를 를 를 를 를 를 를 를
를 를 를 를 를 를 를 를 를 를 를 를
를 를 를 를 를 를 를 를 를 를 를 를
를 를 를 를 를 를 를 를 를 를 를 를
를 를 를 를 를 를 를 를 를 를 를 를

직접 써 보기

[몸]자 모음 합성 글자쓰기

8. [모 +ㅁ=몸] 연필로 글자 위를 중첩하여 써 보세요.

＊ 극~응까지 자 · 모음 합성글자 필기체로 기초쓰기 연습

몸	몸	몸	몸	몸	몸	몸	몸	몸	몸	몸	몸
몸	몸	몸	몸	몸	몸	몸	몸	몸	몸	몸	몸
몸	몸	몸	몸	몸	몸	몸	몸	몸	몸	몸	몸
몸	몸	몸	몸	몸	몸	몸	몸	몸	몸	몸	몸
몸	몸	몸	몸	몸	몸	몸	몸	몸	몸	몸	몸
몸	몸	몸	몸	몸	몸	몸	몸	몸	몸	몸	몸
몸	몸	몸	몸	몸	몸	몸	몸	몸	몸	몸	몸
몸	몸	몸	몸	몸	몸	몸	몸	몸	몸	몸	몸
몸	몸	몸	몸	몸	몸	몸	몸	몸	몸	몸	몸
몸	몸	몸	몸	몸	몸	몸	몸	몸	몸	몸	몸
몸	몸	몸	몸	몸	몸	몸	몸	몸	몸	몸	몸
몸	몸	몸	몸	몸	몸	몸	몸	몸	몸	몸	몸
몸	몸	몸	몸	몸	몸	몸	몸	몸	몸	몸	몸
몸	몸	몸	몸	몸	몸	몸	몸	몸	몸	몸	몸
몸	몸	몸	몸	몸	몸	몸	몸	몸	몸	몸	몸

직접 써 보기 ➔

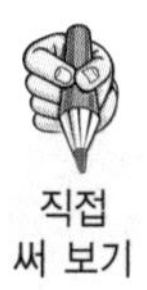

직접 써 보기

[슷]자 모음 합성 글자쓰기

9. [스 +ㅅ=슷] 연필로 글자 위를 중첩하여 써 보세요.

＊ 극~응까지 자 · 모음 합성글자 필기체로 기초쓰기 연습

슷 슷 슷 슷 슷 슷 슷 슷 슷 슷 슷 슷
슷 슷 슷 슷 슷 슷 슷 슷 슷 슷 슷 슷
슷 슷 슷 슷 슷 슷 슷 슷 슷 슷 슷 슷
슷 슷 슷 슷 슷 슷 슷 슷 슷 슷 슷 슷
슷 슷 슷 슷 슷 슷 슷 슷 슷 슷 슷 슷
슷 슷 슷 슷 슷 슷 슷 슷 슷 슷 슷 슷
슷 슷 슷 슷 슷 슷 슷 슷 슷 슷 슷 슷

슷 슷 슷 슷 슷 슷 슷 슷 슷 슷 슷 슷
슷 슷 슷 슷 슷 슷 슷 슷 슷 슷 슷 슷
슷 슷 슷 슷 슷 슷 슷 슷 슷 슷 슷 슷
슷 슷 슷 슷 슷 슷 슷 슷 슷 슷 슷 슷
슷 슷 슷 슷 슷 슷 슷 슷 슷 슷 슷 슷
슷 슷 슷 슷 슷 슷 슷 슷 슷 슷 슷 슷
슷 슷 슷 슷 슷 슷 슷 슷 슷 슷 슷 슷
슷 슷 슷 슷 슷 슷 슷 슷 슷 슷 슷 슷

직접 써 보기

직접 써 보기

[응]자 모음 합성 글자쓰기

10. [으 +ㅇ=응] 연필로 글자 위를 중첩하여 써 보세요.

＊ 극~응까지 자 · 모음 합성글자 필기체로 기초쓰기 연습

응 응 응 응 응 응 응 응 응 응 응 응
응 응 응 응 응 응 응 응 응 응 응 응

응 응 응 응 응 응 응 응 응 응 응 응
응 응 응 응 응 응 응 응 응 응 응 응

응 응 응 응 응 응 응 응 응 응 응 응
응 응 응 응 응 응 응 응 응 응 응 응

응 응 응 응 응 응 응 응 응 응 응 응

직접 써 보기

응 응 응 응 응 응 응 응 응 응 응 응
응 응 응 응 응 응 응 응 응 응 응 응

응 응 응 응 응 응 응 응 응 응 응 응
응 응 응 응 응 응 응 응 응 응 응 응

응 응 응 응 응 응 응 응 응 응 응 응
응 응 응 응 응 응 응 응 응 응 응 응

응 응 응 응 응 응 응 응 응 응 응 응
응 응 응 응 응 응 응 응 응 응 응 응

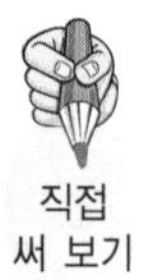

직접 써 보기

4 단계 [가] 한 글자씩 실전 쓰기훈련

[필기체 세로 점선 따라 가자 쓰기연습] 연필로 글자 위를 중첩하여 써 보세요.

*세로 선을 그을 때에는 손목에 힘을 빼고 점선을 따라 가볍게 내려긋는다.

가	가	가	가	가	가	가	가	가	가	가	가	가
가	가	가	가	가	가	가	가	가	가	가	가	가
가	가	가	가	가	가	가	가	가	가	가	가	가
가	가	가	가	가	가	가	가	가	가	가	가	가
가	가	가	가	가	가	가	가	가	가	가	가	가
가	가	가	가	가	가	가	가	가	가	가	가	가
가	가	가	가	가	가	가	가	가	가	가	가	가
가	가	가	가	가	가	가	가	가	가	가	가	가
가	가	가	가	가	가	가	가	가	가	가	가	가
가	가	가	가	가	가	가	가	가	가	가	가	가
가	가	가	가	가	가	가	가	가	가	가	가	가
가	가	가	가	가	가	가	가	가	가	가	가	가
가	가	가	가	가	가	가	가	가	가	가	가	가

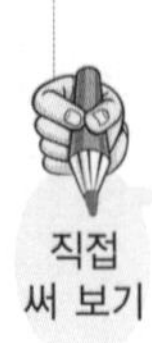

[나] 한 글자씩 실전 쓰기훈련

[필기체 세로 점선 따라 나자 쓰기연습] 연필로 글자 위를 중첩하여 써 보세요.

＊세로 선을 그을 때에는 손목에 힘을 빼고 점선을 따라 가볍게 내려긋는다.

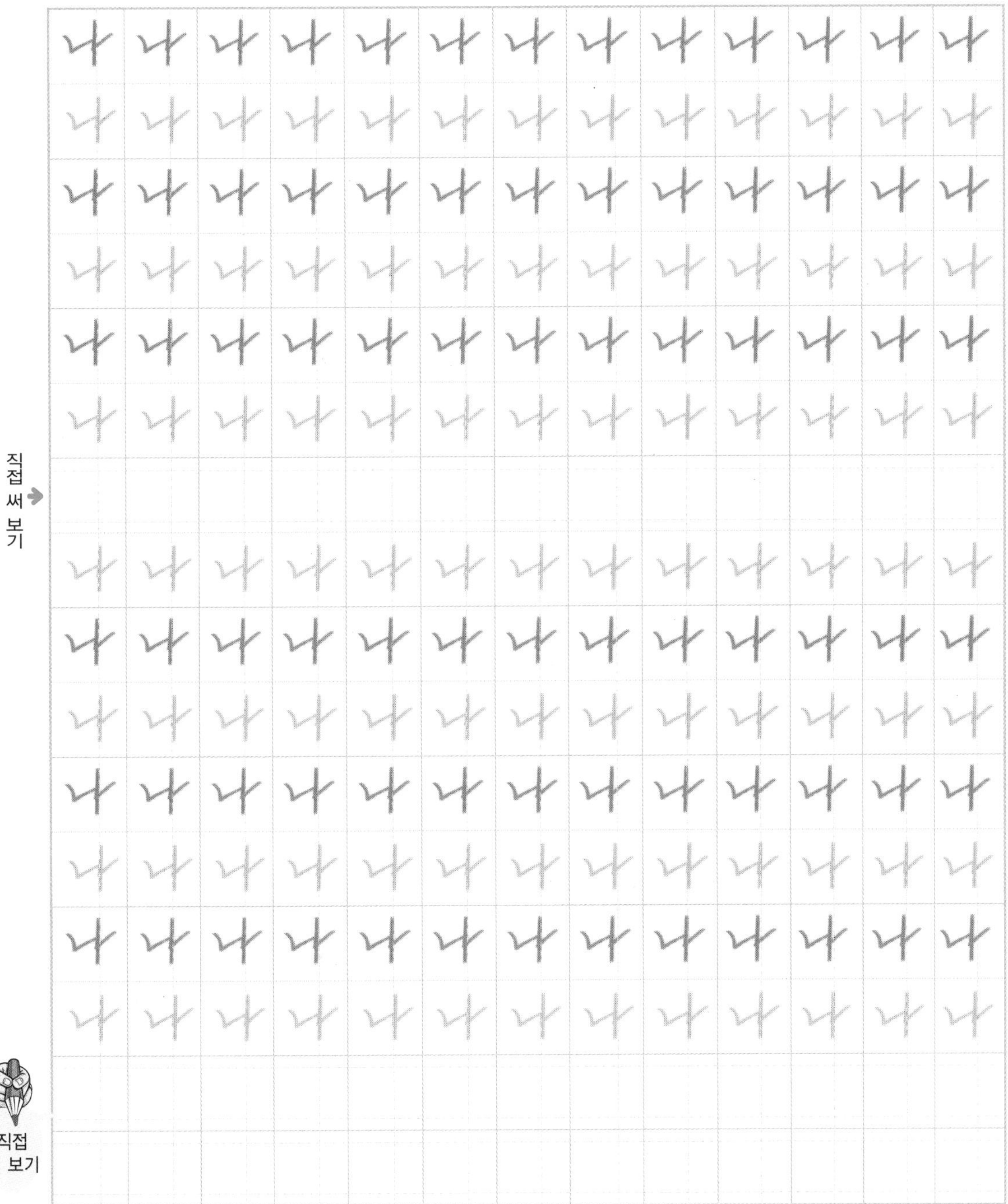

직접 써 보기

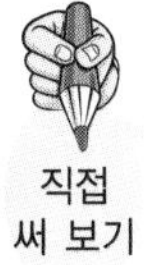

직접 써 보기

[다] 한 글자씩 실전 쓰기훈련

[필기체 세로 점선 따라 다자 쓰기연습] 연필로 글자 위를 중첩하여 써 보세요.

*세로 선을 그을 때에는 손목에 힘을 빼고 점선을 따라 가볍게 내려긋는다.

직접 써 보기

다	다	다	다	다	다	다	다	다	다	다	다	다
다	다	다	다	다	다	다	다	다	다	다	다	다
다	다	다	다	다	다	다	다	다	다	다	다	다
다	다	다	다	다	다	다	다	다	다	다	다	다
다	다	다	다	다	다	다	다	다	다	다	다	다
다	다	다	다	다	다	다	다	다	다	다	다	다
다	다	다	다	다	다	다	다	다	다	다	다	다
다	다	다	다	다	다	다	다	다	다	다	다	다
다	다	다	다	다	다	다	다	다	다	다	다	다
다	다	다	다	다	다	다	다	다	다	다	다	다
다	다	다	다	다	다	다	다	다	다	다	다	다
다	다	다	다	다	다	다	다	다	다	다	다	다
다	다	다	다	다	다	다	다	다	다	다	다	다

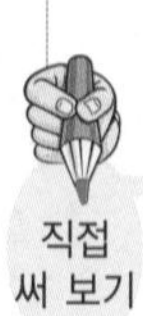

[라] 한 글자씩 실전 쓰기훈련

[필기체 세로 점선 따라 라자 쓰기연습] 연필로 글자 위를 중첩하여 써 보세요.

*세로 선을 그을 때에는 손목에 힘을 빼고 점선을 따라 가볍게 내려긋는다.

라	라	라	라	라	라	라	라	라	라	라	라	라
라	라	라	라	라	라	라	라	라	라	라	라	라
라	라	라	라	라	라	라	라	라	라	라	라	라
라	라	라	라	라	라	라	라	라	라	라	라	라
라	라	라	라	라	라	라	라	라	라	라	라	라
라	라	라	라	라	라	라	라	라	라	라	라	라
라	라	라	라	라	라	라	라	라	라	라	라	라
라	라	라	라	라	라	라	라	라	라	라	라	라
라	라	라	라	라	라	라	라	라	라	라	라	라
라	라	라	라	라	라	라	라	라	라	라	라	라
라	라	라	라	라	라	라	라	라	라	라	라	라
라	라	라	라	라	라	라	라	라	라	라	라	라
라	라	라	라	라	라	라	라	라	라	라	라	라

직접 써 보기

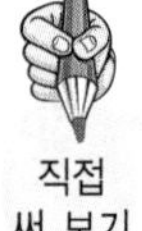

직접 써 보기

[마] 한 글자씩 실전 쓰기훈련

[필기체 세로 점선 따라 마자 쓰기연습] 연필로 글자 위를 중첩하여 써 보세요.

*세로 선을 그을 때에는 손목에 힘을 빼고 점선을 따라 가볍게 내려긋는다.

마	마	마	마	마	마	마	마	마	마	마	마	마
마	마	마	마	마	마	마	마	마	마	마	마	마
마	마	마	마	마	마	마	마	마	마	마	마	마
마	마	마	마	마	마	마	마	마	마	마	마	마
마	마	마	마	마	마	마	마	마	마	마	마	마
마	마	마	마	마	마	마	마	마	마	마	마	마
마	마	마	마	마	마	마	마	마	마	마	마	마
마	마	마	마	마	마	마	마	마	마	마	마	마
마	마	마	마	마	마	마	마	마	마	마	마	마
마	마	마	마	마	마	마	마	마	마	마	마	마
마	마	마	마	마	마	마	마	마	마	마	마	마
마	마	마	마	마	마	마	마	마	마	마	마	마
마	마	마	마	마	마	마	마	마	마	마	마	마

직접 써보기

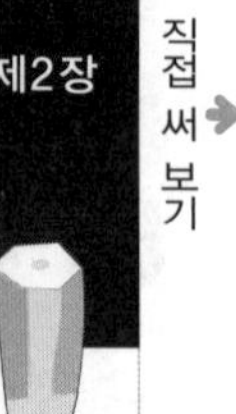

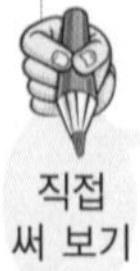

직접 써 보기

[바] 한 글자씩 실전 쓰기훈련

[필기체 세로 점선 따라 바자 쓰기연습] 연필로 글자 위를 중첩하여 써 보세요.

＊세로 선을 그을 때에는 손목에 힘을 빼고 점선을 따라 가볍게 내려긋는다.

바 바 바 바 바 바 바 바 바 바 바 바 바
바 바 바 바 바 바 바 바 바 바 바 바 바
바 바 바 바 바 바 바 바 바 바 바 바 바
바 바 바 바 바 바 바 바 바 바 바 바 바
바 바 바 바 바 바 바 바 바 바 바 바 바
바 바 바 바 바 바 바 바 바 바 바 바 바

직접 써 보기

바 바 바 바 바 바 바 바 바 바 바 바 바
바 바 바 바 바 바 바 바 바 바 바 바 바
바 바 바 바 바 바 바 바 바 바 바 바 바
바 바 바 바 바 바 바 바 바 바 바 바 바
바 바 바 바 바 바 바 바 바 바 바 바 바
바 바 바 바 바 바 바 바 바 바 바 바 바
바 바 바 바 바 바 바 바 바 바 바 바 바

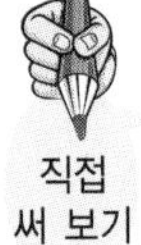

직접 써 보기

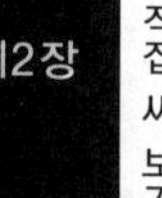

[ ] 한 글자씩 실전 쓰기훈련

[필기체 세로 점선 따라 자 쓰기연습] 연필로 글자 위를 중첩하여 써 보세요.

*세로 선을 그을 때에는 손목에 힘을 빼고 점선을 따라 가볍게 내려긋는다.

사	사	사	사	사	사	사	사	사	사	사	사	사
사	사	사	사	사	사	사	사	사	사	사	사	사
사	사	사	사	사	사	사	사	사	사	사	사	사
사	사	사	사	사	사	사	사	사	사	사	사	사
사	사	사	사	사	사	사	사	사	사	사	사	사
사	사	사	사	사	사	사	사	사	사	사	사	사
사	사	사	사	사	사	사	사	사	사	사	사	사
사	사	사	사	사	사	사	사	사	사	사	사	사
사	사	사	사	사	사	사	사	사	사	사	사	사
사	사	사	사	사	사	사	사	사	사	사	사	사
사	사	사	사	사	사	사	사	사	사	사	사	사
사	사	사	사	사	사	사	사	사	사	사	사	사
사	사	사	사	사	사	사	사	사	사	사	사	사

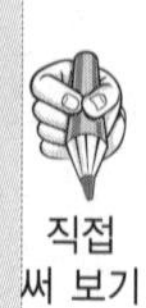

직접 써 보기

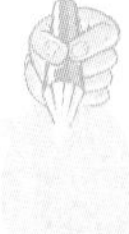

[ ] 한 글자씩 실전 쓰기훈련

[필기체 세로 점선 따라 자 쓰기연습] 연필로 글자 위를 중첩하여 써 보세요.

아	아	아	아	아	아	아	아	아	아	아	아	아
아	아	아	아	아	아	아	아	아	아	아	아	아
아	아	아	아	아	아	아	아	아	아	아	아	아
아	아	아	아	아	아	아	아	아	아	아	아	아
아	아	아	아	아	아	아	아	아	아	아	아	아
아	아	아	아	아	아	아	아	아	아	아	아	아
아	아	아	아	아	아	아	아	아	아	아	아	아
아	아	아	아	아	아	아	아	아	아	아	아	아
아	아	아	아	아	아	아	아	아	아	아	아	아
아	아	아	아	아	아	아	아	아	아	아	아	아
아	아	아	아	아	아	아	아	아	아	아	아	아
아	아	아	아	아	아	아	아	아	아	아	아	아
아	아	아	아	아	아	아	아	아	아	아	아	아

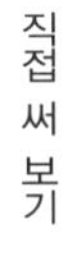

직접 써 보기

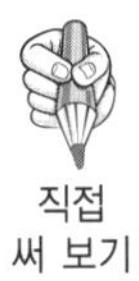

직접 써 보기

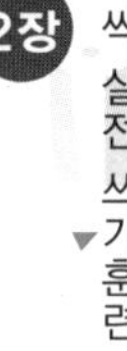

[자] 한 글자씩 실전 쓰기훈련

[필기체 세로 점선 따라 자자 쓰기연습] 연필로 글자 위를 중첩하여 써 보세요.

*세로 선을 그을 때에는 손목에 힘을 빼고 점선을 따라 가볍게 내려긋는다.

자	자	자	자	자	자	자	자	자	자	자	자	자
자	자	자	자	자	자	자	자	자	자	자	자	자
자	자	자	자	자	자	자	자	자	자	자	자	자
자	자	자	자	자	자	자	자	자	자	자	자	자
자	자	자	자	자	자	자	자	자	자	자	자	자
자	자	자	자	자	자	자	자	자	자	자	자	자
자	자	자	자	자	자	자	자	자	자	자	자	자
자	자	자	자	자	자	자	자	자	자	자	자	자
자	자	자	자	자	자	자	자	자	자	자	자	자
자	자	자	자	자	자	자	자	자	자	자	자	자
자	자	자	자	자	자	자	자	자	자	자	자	자
자	자	자	자	자	자	자	자	자	자	자	자	자
자	자	자	자	자	자	자	자	자	자	자	자	자

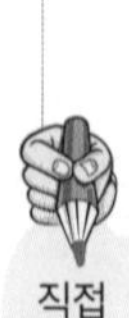
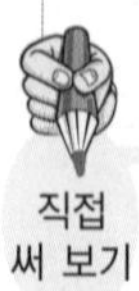

직접 써 보기

[차] 한 글자씩 실전 쓰기훈련

[필기체 세로 점선 따라 차자 쓰기연습] 연필로 글자 위를 중첩하여 써 보세요.

*세로 선을 그을 때에는 손목에 힘을 빼고 점선을 따라 가볍게 내려긋는다.

차	차	차	차	차	차	차	차	차	차	차	차	차
차	차	차	차	차	차	차	차	차	차	차	차	차
차	차	차	차	차	차	차	차	차	차	차	차	차
차	차	차	차	차	차	차	차	차	차	차	차	차
차	차	차	차	차	차	차	차	차	차	차	차	차
차	차	차	차	차	차	차	차	차	차	차	차	차
차	차	차	차	차	차	차	차	차	차	차	차	차
차	차	차	차	차	차	차	차	차	차	차	차	차
차	차	차	차	차	차	차	차	차	차	차	차	차
차	차	차	차	차	차	차	차	차	차	차	차	차
차	차	차	차	차	차	차	차	차	차	차	차	차
차	차	차	차	차	차	차	차	차	차	차	차	차
차	차	차	차	차	차	차	차	차	차	차	차	차

직접 써 보기

직접 써 보기

[ ] 한 글자씩 실전 쓰기훈련

[필기체 세로 점선 따라 자 쓰기연습] 연필로 글자 위를 중첩하여 써 보세요.

*세로 선을 그을 때에는 손목에 힘을 빼고 점선을 따라 가볍게 내려긋는다.

카	카	카	카	카	카	카	카	카	카	카	카	카
카	카	카	카	카	카	카	카	카	카	카	카	카
카	카	카	카	카	카	카	카	카	카	카	카	카
카	카	카	카	카	카	카	카	카	카	카	카	카
카	카	카	카	카	카	카	카	카	카	카	카	카
카	카	카	카	카	카	카	카	카	카	카	카	카
카	카	카	카	카	카	카	카	카	카	카	카	카
카	카	카	카	카	카	카	카	카	카	카	카	카
카	카	카	카	카	카	카	카	카	카	카	카	카
카	카	카	카	카	카	카	카	카	카	카	카	카
카	카	카	카	카	카	카	카	카	카	카	카	카
카	카	카	카	카	카	카	카	카	카	카	카	카
카	카	카	카	카	카	카	카	카	카	카	카	카

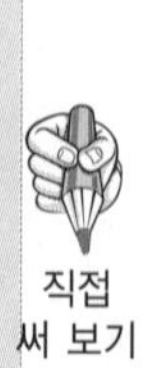
직접 써 보기

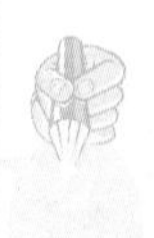

[ ] 한 글자씩 실전 쓰기훈련

[필기체 세로 점선 따라 자 쓰기연습] 연필로 글자 위를 중첩하여 써 보세요.

*세로 선을 그을 때에는 손목의 힘을 빼고 점선을 따라 가볍게 내려긋는다.

타	타	타	타	타	타	타	타	타	타	타	타	타
타	타	타	타	타	타	타	타	타	타	타	타	타
타	타	타	타	타	타	타	타	타	타	타	타	타
타	타	타	타	타	타	타	타	타	타	타	타	타
타	타	타	타	타	타	타	타	타	타	타	타	타
타	타	타	타	타	타	타	타	타	타	타	타	타
타	타	타	타	타	타	타	타	타	타	타	타	타
타	타	타	타	타	타	타	타	타	타	타	타	타
타	타	타	타	타	타	타	타	타	타	타	타	타
타	타	타	타	타	타	타	타	타	타	타	타	타
타	타	타	타	타	타	타	타	타	타	타	타	타
타	타	타	타	타	타	타	타	타	타	타	타	타
타	타	타	타	타	타	타	타	타	타	타	타	타

직접 써 보기

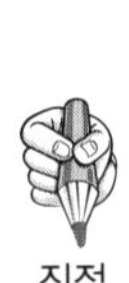

직접 써 보기

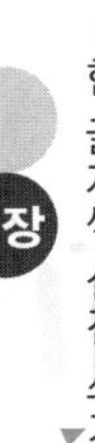

[파] 한 글자씩 실전 쓰기훈련

[필기체 세로 점선 따라 파자 쓰기연습] 연필로 글자 위를 중첩하여 써 보세요.

*세로 선을 그을 때에는 손목에 힘을 빼고 점선을 따라 가볍게 내려긋는다.

파	파	파	파	파	파	파	파	파	파	파	파	파
파	파	파	파	파	파	파	파	파	파	파	파	파
파	파	파	파	파	파	파	파	파	파	파	파	파
파	파	파	파	파	파	파	파	파	파	파	파	파
파	파	파	파	파	파	파	파	파	파	파	파	파
파	파	파	파	파	파	파	파	파	파	파	파	파
파	파	파	파	파	파	파	파	파	파	파	파	파
파	파	파	파	파	파	파	파	파	파	파	파	파
파	파	파	파	파	파	파	파	파	파	파	파	파
파	파	파	파	파	파	파	파	파	파	파	파	파
파	파	파	파	파	파	파	파	파	파	파	파	파
파	파	파	파	파	파	파	파	파	파	파	파	파
파	파	파	파	파	파	파	파	파	파	파	파	파

제2장 직접 써 보기

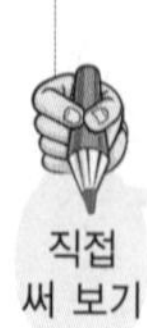

직접 써 보기

[하] 한 글자씩 실전 쓰기훈련

[필기체 세로 점선 따라 하자 쓰기연습] 연필로 글자 위를 중첩하여 써 보세요.

*세로 선을 그을 때에는 손목에 힘을 빼고 점선을 따라 가볍게 내려긋는다.

하	하	하	하	하	하	하	하	하	하	하	하	하
하	하	하	하	하	하	하	하	하	하	하	하	하
하	하	하	하	하	하	하	하	하	하	하	하	하
하	하	하	하	하	하	하	하	하	하	하	하	하
하	하	하	하	하	하	하	하	하	하	하	하	하
하	하	하	하	하	하	하	하	하	하	하	하	하
하	하	하	하	하	하	하	하	하	하	하	하	하
하	하	하	하	하	하	하	하	하	하	하	하	하
하	하	하	하	하	하	하	하	하	하	하	하	하
하	하	하	하	하	하	하	하	하	하	하	하	하
하	하	하	하	하	하	하	하	하	하	하	하	하
하	하	하	하	하	하	하	하	하	하	하	하	하
하	하	하	하	하	하	하	하	하	하	하	하	하

직접 써 보기

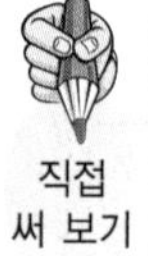

직접 써 보기

[가행] 글씨 쓰기연습

1. [필기체 쓰기 연습] 연필로 글자 위를 중첩하여 써 보세요.

가	갸	거	겨	고	교	구	규	그	기
가	갸	거	겨	고	교	구	규	그	기
가	갸	거	겨	고	교	구	규	그	기
가	갸	거	겨	고	교	구	규	그	기
가	갸	거	겨	고	교	구	규	그	기
가	갸	거	겨	고	교	구	규	그	기
가	갸	거	겨	고	교	구	규	그	기
가	갸	거	겨	고	교	구	규	그	기
가	갸	거	겨	고	교	구	규	그	기
가	갸	거	겨	고	교	구	규	그	기
가	갸	거	겨	고	교	구	규	그	기
가	갸	거	겨	고	교	구	규	그	기
가	갸	거	겨	고	교	구	규	그	기

직접 써 보기

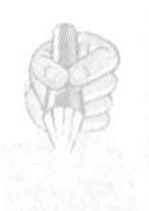

5 단계

[나행] 글씨 쓰기연습

2. [필기체 쓰기 연습] 연필로 글자 위를 중첩하여 써 보세요.

*[ㄴ] 가~기까지 글씨체 다지기단계

나 냐 너 녀 노 뇨 누 뉴 느 니
나 냐 너 녀 노 뇨 누 뉴 느 니
나 냐 너 녀 노 뇨 누 뉴 느 니
나 냐 너 녀 노 뇨 누 뉴 느 니
나 냐 너 녀 노 뇨 누 뉴 느 니
나 냐 너 녀 노 뇨 누 뉴 느 니

직접 써 보기

나 냐 너 녀 노 뇨 누 뉴 느 니
나 냐 너 녀 노 뇨 누 뉴 느 니
나 냐 너 녀 노 뇨 누 뉴 느 니
나 냐 너 녀 노 뇨 누 뉴 느 니
나 냐 너 녀 노 뇨 누 뉴 느 니
나 냐 너 녀 노 뇨 누 뉴 느 니
나 냐 너 녀 노 뇨 누 뉴 느 니

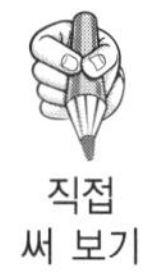

직접 써 보기

[다행] ㄷ 자 글씨 쓰기연습

3. [필기체 쓰기 연습] 연필로 글자 위를 중첩하여 써 보세요.

*[ㄷ] 다~디까지 글씨체 다지기단계

다 댜 더 뎌 도 됴 두 듀 드 디

다 댜 더 뎌 도 됴 두 듀 드 디

다 댜 더 뎌 도 됴 두 듀 드 디

다 댜 더 뎌 도 됴 두 듀 드 디

다 댜 더 뎌 도 됴 두 듀 드 디

다 댜 더 뎌 도 됴 두 듀 드 디

다 댜 더 뎌 도 됴 두 듀 드 디

다 댜 더 뎌 도 됴 두 듀 드 디

다 댜 더 뎌 도 됴 두 듀 드 디

다 댜 더 뎌 도 됴 두 듀 드 디

다 댜 더 뎌 도 됴 두 듀 드 디

다 댜 더 뎌 도 됴 두 듀 드 디

다 댜 더 뎌 도 됴 두 듀 드 디

직접 써 보기

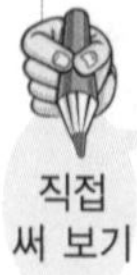

직접 써 보기

[라행] ㄹ 자 글씨 쓰기연습

4. [필기체 쓰기 연습] 연필로 글자 위를 중첩하여 써 보세요.

*[ㄹ] 라~리까지 글씨체 다지기단계

라	랴	러	려	로	료	루	류	르	리
라	랴	러	려	로	료	루	류	르	리
라	랴	러	려	로	료	루	류	르	리
라	랴	러	려	로	료	루	류	르	리
라	랴	러	려	로	료	루	류	르	리
라	랴	러	려	로	료	루	류	르	리
라	랴	러	려	로	료	루	류	르	리
라	랴	러	려	로	료	루	류	르	리
라	랴	러	려	로	료	루	류	르	리
라	랴	러	려	로	료	루	류	르	리
라	랴	러	려	로	료	루	류	르	리
라	랴	러	려	로	료	루	류	르	리
라	랴	러	려	로	료	루	류	르	리

직접 써 보기

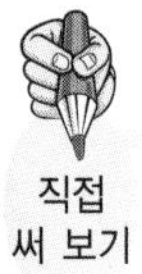

직접 써 보기

[마행] 글씨쓰기연습

5. [필기체 쓰기 연습] 연필로 글자 위를 중첩하여 써 보세요.

마	먀	머	며	모	묘	무	뮤	므	미
마	먀	머	며	모	묘	무	뮤	므	미
마	먀	머	며	모	묘	무	뮤	므	미
마	먀	머	며	모	묘	무	뮤	므	미
마	먀	머	며	모	묘	무	뮤	므	미
마	먀	머	며	모	묘	무	뮤	므	미
마	먀	머	며	모	묘	무	뮤	므	미
마	먀	머	며	모	묘	무	뮤	므	미
마	먀	머	며	모	묘	무	뮤	므	미
마	먀	머	며	모	묘	무	뮤	므	미
마	먀	머	며	모	묘	무	뮤	므	미
마	먀	머	며	모	묘	무	뮤	므	미
마	먀	머	며	모	묘	무	뮤	므	미

제2장 직접 써 보기

직접 써 보기

[바행] 글씨 쓰기연습

6. [필기체 쓰기 연습] 연필로 글자 위를 중첩하여 써 보세요.

바 뱌 버 벼 보 뵤 부 뷰 브 비
바 뱌 버 벼 보 뵤 부 뷰 브 비
바 뱌 버 벼 보 뵤 부 뷰 브 비
바 뱌 버 벼 보 뵤 부 뷰 브 비
바 뱌 버 벼 보 뵤 부 뷰 브 비
바 뱌 버 벼 보 뵤 부 뷰 브 비

직접 써 보기

바 뱌 버 벼 보 뵤 부 뷰 브 비
바 뱌 버 벼 보 뵤 부 뷰 브 비
바 뱌 버 벼 보 뵤 부 뷰 브 비
바 뱌 버 벼 보 뵤 부 뷰 브 비
바 뱌 버 벼 보 뵤 부 뷰 브 비
바 뱌 버 벼 보 뵤 부 뷰 브 비
바 뱌 버 벼 보 뵤 부 뷰 브 비

직접 써 보기

[사행] ㅅ 자 글씨 쓰기연습

7. [필기체 쓰기 연습] 연필로 글자 위를 중첩하여 써 보세요.

*[ㅅ] 사~시까지 글씨체 다지기단계

사 샤 서 셔 소 쇼 수 슈 스 시
사 샤 서 셔 소 쇼 수 슈 스 시
사 샤 서 셔 소 쇼 수 슈 스 시
사 샤 서 셔 소 쇼 수 슈 스 시
사 샤 서 셔 소 쇼 수 슈 스 시
사 샤 서 셔 소 쇼 수 슈 스 시

직접 써 보기

사 샤 서 셔 소 쇼 수 슈 스 시
사 샤 서 셔 소 쇼 수 슈 스 시
사 샤 서 셔 소 쇼 수 슈 스 시
사 샤 서 셔 소 쇼 수 슈 스 시
사 샤 서 셔 소 쇼 수 슈 스 시
사 샤 서 셔 소 쇼 수 슈 스 시
사 샤 서 셔 소 쇼 수 슈 스 시

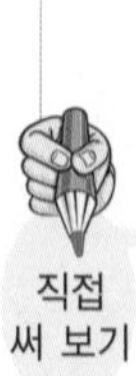

직접 써 보기

[아행] ㅇ 자 글씨 쓰기연습

8. [필기체 쓰기 연습] 연필로 글자 위를 중첩하여 써 보세요.

*[ㅇ] 아~이까지 글씨체 다지기단계

아	야	어	여	오	요	우	유	으	이
아	야	어	여	오	요	우	유	으	이
아	야	어	여	오	요	우	유	으	이
아	야	어	여	오	요	우	유	으	이
아	야	어	여	오	요	우	유	으	이
아	야	어	여	오	요	우	유	으	이

직접 써 보기

아	야	어	여	오	요	우	유	으	이
아	야	어	여	오	요	우	유	으	이
아	야	어	여	오	요	우	유	으	이
아	야	어	여	오	요	우	유	으	이
아	야	어	여	오	요	우	유	으	이
아	야	어	여	오	요	우	유	으	이
아	야	어	여	오	요	우	유	으	이

직접 써 보기

[자행] ㅈ 자 글씨 쓰기연습

9. [필기체 쓰기 연습] 연필로 글자 위를 중첩하여 써 보세요.

*[ㅈ] 자~지까지 글씨체 다지기단계

자 쟈 저 져 조 죠 주 쥬 즈 지
자 쟈 저 져 조 죠 주 쥬 즈 지
자 쟈 저 져 조 죠 주 쥬 즈 지
자 쟈 저 져 조 죠 주 쥬 즈 지
자 쟈 저 져 조 죠 주 쥬 즈 지
자 쟈 저 져 조 죠 주 쥬 즈 지

자 쟈 저 져 조 죠 주 쥬 즈 지
자 쟈 저 져 조 죠 주 쥬 즈 지
자 쟈 저 져 조 죠 주 쥬 즈 지
자 쟈 저 져 조 죠 주 쥬 즈 지
자 쟈 저 져 조 죠 주 쥬 즈 지
자 쟈 저 져 조 죠 주 쥬 즈 지

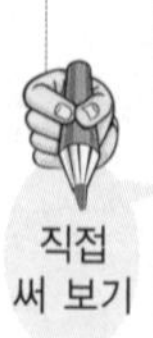

직접 써 보기

[차행] ㅊ 자 글씨 쓰기연습

10. [필기체 쓰기 연습] 연필로 글자 위를 중첩하여 써 보세요.

*[ㅊ] 차~치까지 글씨체 다지기단계

차 챠 처 쳐 초 쵸 추 츄 츠 치
차 챠 처 쳐 초 쵸 추 츄 츠 치
차 챠 처 쳐 초 쵸 추 츄 츠 치
차 챠 처 쳐 초 쵸 추 츄 츠 치
차 챠 처 쳐 초 쵸 추 츄 츠 치
차 챠 처 쳐 초 쵸 추 츄 츠 치

직접 써 보기

차 챠 처 쳐 초 쵸 추 츄 츠 치
차 챠 처 쳐 초 쵸 추 츄 츠 치
차 챠 처 쳐 초 쵸 추 츄 츠 치
차 챠 처 쳐 초 쵸 추 츄 츠 치
차 챠 처 쳐 초 쵸 추 츄 츠 치
차 챠 처 쳐 초 쵸 추 츄 츠 치
차 챠 처 쳐 초 쵸 추 츄 츠 치

직접 써 보기

[카행] ㅋ 자 글씨 쓰기연습

11. [필기체 쓰기 연습] 연필로 글자 위를 중첩하여 써 보세요.

*[ㅋ] 카~키까지 글씨체 다지기단계

카	캬	커	켜	코	쿄	쿠	큐	크	키
카	캬	커	켜	코	쿄	쿠	큐	크	키
카	캬	커	켜	코	쿄	쿠	큐	크	키
카	캬	커	켜	코	쿄	쿠	큐	크	키
카	캬	커	켜	코	쿄	쿠	큐	크	키
카	캬	커	켜	코	쿄	쿠	큐	크	키
카	캬	커	켜	코	쿄	쿠	큐	크	키
카	캬	커	켜	코	쿄	쿠	큐	크	키
카	캬	커	켜	코	쿄	쿠	큐	크	키
카	캬	커	켜	코	쿄	쿠	큐	크	키
카	캬	커	켜	코	쿄	쿠	큐	크	키
카	캬	커	켜	코	쿄	쿠	큐	크	키
카	캬	커	켜	코	쿄	쿠	큐	크	키

직접 써 보기

직접 써 보기

[타행] ㅌ 자 글씨 쓰기연습

12. [필기체 쓰기 연습] 연필로 글자 위를 중첩하여 써 보세요.

*[ㅌ] 타~티까지 글씨체 다지기단계

타 탸 터 텨 토 툐 투 튜 트 티
타 탸 터 텨 토 툐 투 튜 트 티
타 탸 터 텨 토 툐 투 튜 트 티
타 탸 터 텨 토 툐 투 튜 트 티
타 탸 터 텨 토 툐 투 튜 트 티
타 탸 터 텨 토 툐 투 튜 트 티

직접 써 보기

타 탸 터 텨 토 툐 투 튜 트 티
타 탸 터 텨 토 툐 투 튜 트 티
타 탸 터 텨 토 툐 투 튜 트 티
타 탸 터 텨 토 툐 투 튜 트 티
타 탸 터 텨 토 툐 투 튜 트 티
타 탸 터 텨 토 툐 투 튜 트 티
타 탸 터 텨 토 툐 투 튜 트 티

직접 써 보기

[파행] ㅍ 자 글씨 쓰기연습

13. [필기체 쓰기 연습] 연필로 글자 위를 중첩하여 써 보세요.

*[ㅍ] 파~피까지 글씨체 다지기단계

파 퍄 퍼 펴 포 표 푸 퓨 프 피

파 퍄 퍼 펴 포 표 푸 퓨 프 피

파 퍄 퍼 펴 포 표 푸 퓨 프 피

파 퍄 퍼 펴 포 표 푸 퓨 프 피

파 퍄 퍼 펴 포 표 푸 퓨 프 피

파 퍄 퍼 펴 포 표 푸 퓨 프 피

제2장

직접 써 보기

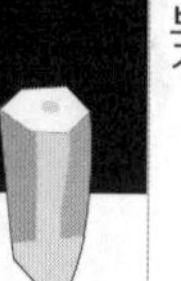

파 퍄 퍼 펴 포 표 푸 퓨 프 피

파 퍄 퍼 펴 포 표 푸 퓨 프 피

파 퍄 퍼 펴 포 표 푸 퓨 프 피

파 퍄 퍼 펴 포 표 푸 퓨 프 피

파 퍄 퍼 펴 포 표 푸 퓨 프 피

파 퍄 퍼 펴 포 표 푸 퓨 프 피

파 퍄 퍼 펴 포 표 푸 퓨 프 피

직접 써 보기

[하행] ㅎ 자 글씨 쓰기연습

14. [필기체 쓰기 연습] 연필로 글자 위를 중첩하여 써 보세요.

*[ㅎ] 하~히까지 글씨체 다지기단계

하 햐 허 혀 호 효 후 휴 흐 히
하 햐 허 혀 호 효 후 휴 흐 히
하 햐 허 혀 호 효 후 휴 흐 히
하 햐 허 혀 호 효 후 휴 흐 히
하 햐 허 혀 호 효 후 휴 흐 히
하 햐 허 혀 호 효 후 휴 흐 히

직접 써 보기

하 햐 허 혀 호 효 후 휴 흐 히
하 햐 허 혀 호 효 후 휴 흐 히
하 햐 허 혀 호 효 후 휴 흐 히
하 햐 허 혀 호 효 후 휴 흐 히
하 햐 허 혀 호 효 후 휴 흐 히
하 햐 허 혀 호 효 후 휴 흐 히
하 햐 허 혀 호 효 후 휴 흐 히

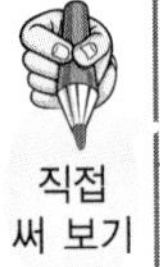

직접 써 보기

6 단계 단어 쓰고 문장으로 이어쓰기[1]

[필기체로 글자 위에 직접 연필로 써 보기] 가행~다행 실전대비 아래 글씨 따라잡기 적응훈련 단계

가구 가구 가구 가연 가연 가연 가죽 가죽 가죽

가구 가구 가구 가연 가연 가연 가죽 가죽 가죽

가구공장에서 가연을 가죽으로 만들었다.

나물 나물 나물 나주 나주 나주 나사 나사 나사

나물 나물 나물 나주 나주 나주 나사 나사 나사

나물을 캐러 나주에 갔다가 나사를 갖고 왔다.

다도 다도 다도 다과 다과 다과 다락 다락 다락

다도 다도 다도 다과 다과 다과 다락 다락 다락

다도와 다과에 관한 책을 다락에 숨겼다.

단어 쓰고 문장으로 이어쓰기[2]

[필기체로 글자 위에 직접 연필로 써 보기] 라행~바행 실전대비 아래 글씨 따라잡기 적응훈련 단계

라틴 라틴 라틴 라이벌 라이벌 라이벌 라인 라인 라인

라틴 라틴 라틴 라이벌 라이벌 라이벌 라인 라인 라인

라틴음악으로 라인 안에서 라이벌과 경쟁을 한다.

마차 마차 마차 마당 마당 마당 마녀 마녀 마녀

마차 마차 마차 마당 마당 마당 마녀 마녀 마녀

마차는 마당까지 들어와 마녀를 태우고 갔다.

바람 바람 바람 바지 바지 바지 바위 바위 바위

바람 바람 바람 바지 바지 바지 바위 바위 바위

바람에 내 바지가 바위까지 날아갔다.

단어 쓰고 문장으로 이어쓰기[3]

[필기체로 글자 위에 직접 연필로 써 보기] 사행~자행 실전대비 아래 글씨 따라잡기 적응훈련 단계

사위 사위 사위 사진 사진 사진 사장 사장 사장

사위 사위 사위 사진 사진 사진 사장 사장 사장

사위는 사진을 좋아하는 사장님이다.

아빠 아빠 아빠 아이 아이 아이 아주 아주 아주

아빠 아빠 아빠 아이 아이 아이 아주 아주 아주

그 아이에게 아주 친절한 사람은 아빠처럼 보인다.

자랑 자랑 자랑 자식 자식 자식 자주 자주 자주

자랑 자랑 자랑 자식 자식 자식 자주 자주 자주

그 남자는 자식 자랑을 자주 한다.

단어 쓰고 문장으로 이어쓰기[4]

[필기체로 글자 위에 직접 연필로 써 보기] 차행~타행 실전대비 아래 글씨 따라잡기 적응훈련 단계

차용 차용 차용 차장 차장 차장 차마 차마 차마

차용 차용 차용 차장 차장 차장 차마 차마 차마

돈 빌려준 차장님은 차마 차용증을 받지 못했다

카레 카레 카레 카트 카트 카트 카운터 카운터 카운터

카레 카레 카레 카트 카트 카트 카운터 카운터 카운터

카레를 카트에 가득 담고 카운터까지 갔다.

타올 타올 타올 타이 타이 타이 타입 타입 타입

타올 타올 타올 타이 타이 타이 타입 타입 타입

긴 타올과 넥타이는 내 타입이 아니다.

단어 쓰고 문장으로 이어쓰기[5]

[필기체로 글자 위에 직접 연필로 써 보기] 파행~가행 실전대비 아래 글씨 따라잡기 적응훈련 단계

파스 파스 파스 파아 파아 파아 파고다 파고다 파고다

파스 파스 파스 파아 파아 파아 파고다 파고다 파고다

파고다공원 근처에서 파스를 사고 파아도 했다.

하늘 하늘 하늘 하트 하트 하트 하이킹 하이킹 하이킹

하늘 하늘 하늘 하트 하트 하트 하이킹 하이킹 하이킹

맑은 하늘에 하트를 그리며 하이킹을 떠났다.

가전 가전 가전 가요 가요 가요 가짜 가짜 가짜

가전 가전 가전 가요 가요 가요 가짜 가짜 가짜

가전제품에서 나오는 가요는 가짜 노래이다.

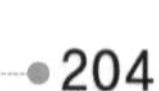

단어 쓰고 문장으로 이어쓰기[6]

[필기체로 글자 위에 직접 연필로 써 보기] 서·운·우 실전대비 아래 글씨 따라잡기 적응훈련 단계

서인 서인 서인 부자 부자 부자 자녀 자녀 자녀

서인 서인 서인 부자 부자 부자 자녀 자녀 자녀

서인과 부자는 모두 자녀 교육비 걱정이다.

운전 운전 운전 체육 체육 체육 농부 농부 농부

운전 운전 운전 체육 체육 체육 농부 농부 농부

운전하는 농부는 체육이 특기였다.

우리 우리 우리 시장 시장 시장 선생님 선생님 선생님

우리 우리 우리 시장 시장 시장 선생님 선생님 선생님

우리 동네 시장에서 선생님을 만났다.

단어 쓰고 문장으로 이어쓰기[7]

[필기체로 글자 위에 직접 연필로 써 보기] 생·글·영 실전대비 아래 글씨 따라잡기 적응훈련 단계

생강 생강 생강 중요 중요 중요 요점 요점 요점

생강 생강 생강 중요 중요 중요 요점 요점 요점

생강에 대한 중요한 요점을 정리했다.

글러브 글러브 글러브 정말 정말 정말 매너 매너 매너

글러브 글러브 글러브 정말 정말 정말 매너 매너 매너

글러브를 끼고 연습하는 그 남자 정말 매너 있더라.

영웅 영웅 영웅 친한 친한 친한 재수 재수 재수

영웅 영웅 영웅 친한 친한 친한 재수 재수 재수

영웅이 된 사람과 친한척하는 것은 왕재수다.

단어 쓰고 문장으로 이어쓰기[8]

[필기체로 글자 위에 직접 연필로 써 보기] 청·신·공 실전대비 아래 글씨 따라잡기 적응훈련 단계

청렴 청렴 청렴 거장 거장 거장 여자 여자 여자

청렴 청렴 청렴 거장 거장 거장 여자 여자 여자

청렴결백상을 받은 거장은 여자였더라.

신고 신고 신고 기초 기초 기초 깜박 깜박 깜박

신고 신고 신고 기초 기초 기초 깜박 깜박 깜박

자진신고 기간을 기초지식이 없어 깜박했다.

공군 공군 공군 비밀 비밀 비밀 제일 제일 제일

공군 공군 공군 비밀 비밀 비밀 제일 제일 제일

공군출신으로 비밀이 제일 많더라

단어 쓰고 문장으로 이어쓰기[9]

[필기체로 글자 위에 직접 연필로 써 보기] 생·아·여 실전대비 아래 글씨 따라잡기 적응훈련 단계

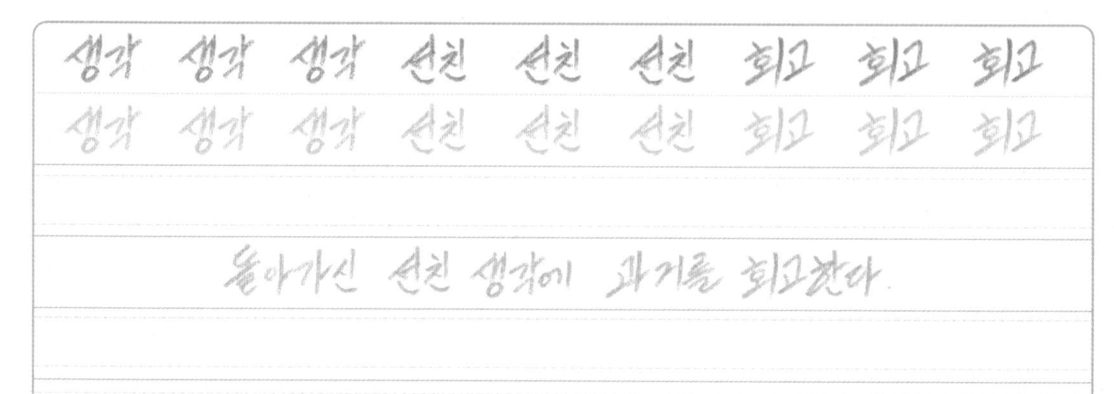

아부 아부 아부 약국 약국 약국 운수 운수 운수

아부 아부 아부 약국 약국 약국 운수 운수 운수

운수업자는 약국에서 동네어른에게 아부한다

여유 여유 여유 바나나 바나나 바나나 숫자 숫자 숫자

여유 여유 여유 바나나 바나나 바나나 숫자 숫자 숫자

여유 있게 바나나 값을 숫자로 기록한다.

단어 쓰고 문장으로 이어쓰기[10]

[필기체로 글자 위에 직접 연필로 써 보기] 하·어·마 실전대비 아래 글씨 따라잡기 적응훈련 단계

하마 하마 하마 구박 구박 구박 두 사람 두 사람

하마 하마 하마 구박 구박 구박 두 사람 두 사람

하마는 두 사람에게 구박을 받으며 지냈다.

어류 어류 어류 고민 고민 고민 그만 그만 그만

어류 어류 어류 고민 고민 고민 그만 그만 그만

어류를 먹을 것인가에 대한 고민은 그만하기로 했다.

생약 생약 생약 지렁이 지렁이 지렁이 장소 장소 장소

생약 생약 생약 지렁이 지렁이 지렁이 장소 장소 장소

지렁이로 생약을 만들어 그 장소에 숨겼다

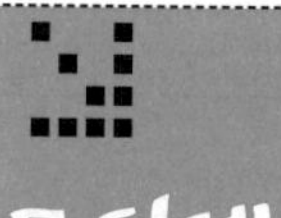

아름다운 손글씨 캘리그라피

속담 풀이 뜻 내용쓰기(1)

*필기체로 글자 위에 써 보고 자필로 직접 써서 아래 글씨 따라잡기

필기체로 ㄱ 속담의 뜻 풀이쓰기

❶ 가는 날이 장날이라

우연히 가다가 공교로운 일을 만났을 때 이르는 말

우연히 가다가 공교로운 일을 만났을 때 이르는 말

❷ 가는 말이 고와야 오는 말이 곱다.

자기가 먼저 남에게 잘 대해주어야 남도 자기에게 잘 대해준다.

자기가 먼저 남에게 잘 대해주어야 남도 자기에게 잘 대해준다.

❸ 가는 방망이 오는 홍두깨

남에게 해를 끼치면 그보다 더 큰 화가 들어온다.

남에게 해를 끼치면 그보다 더 큰 화가 들어온다.

❹ 가랑비에 옷 젖는 줄 모른다.

아무리 사소한 것이라도 거듭되면 무시하지 못할 정도가 된다.

아무리 사소한 것이라도 거듭되면 무시하지 못할 정도가 된다

❺ 가을에는 부지깽이도 덤벙인다.

추수하는 가을에는 매우 바쁘다는 말

추수하는 가을에는 매우 바쁘다는 말.

속담 풀이 뜻 내용쓰기(2)

*필기체로 글자 위에 써 보고 자필로 직접 써서 아래 글씨 따라잡기

필기체로 ㄱ 속담의 뜻 풀이쓰기

❶ 가재는 게 편이다.

되됨이나 형편이 비슷한 것끼리 어울린다는 뜻

❷ 간 빼먹고 등쳐먹는다.

남을 놀라게 하여 정신없게 만들어 놓고 재물을 빼앗는다.

❸ 갓마흔에 첫 버선이다.

오래 기다렸던 일이 뒤늦게 이루어졌을 때 이르는 말

❹ 거미는 작아도 줄만 잘 친다.

생김새는 작아도 저 할 일은 다 한다.

❺ 고양이 세수하나 마나

어떤 일을 시작하는 척 흉내만 내고 그치는 것을 말함

속담 풀이 뜻 내용쓰기(3)

*필기체로 글자 위에 써 보고 자필로 직접 써서 아래 글씨 따라잡기

필기체로 ㄴ 속담의 뜻 풀이쓰기

❶ 냉수 먹고 이 쑤시기

실속도 없으면서 겉으로는 있는체함

❷ 노는 입에 염불하기

하는 일 없이 그저 놀기보다는 무엇이든지 하는 것이 낫다.

❸ 누울 자리를 봐 가며 발을 뻗는다.

때와 장소를 가려서 행동해야 한다는 말

❹ 누워서 떡 먹기

힘들이지 않고 아주 쉽게 할 수 있음

❺ 누워서 침 뱉기

결국은 자기 자신에게 해가 온다는 말

속담 풀이 뜻 내용쓰기(4)

*필기체로 글자 위에 써 보고 자필로 직접 써서 아래 글씨 따라 잡기

필기체로 ㄴ 속담의 뜻 풀이쓰기

❶ 눈 가리고 아웅

얄은수로 남을 속이려 하는 말

얄은수로 남을 속이려 하는 말

❷ 눈 감으면 코 베어 먹는 세상

인심이 흉악함을 비유하는 말

인심이 흉악함을 비유하는 말

❸ 눈먼 자식이 효자 노릇 한다.

평소에 생각지도 않았던 사람한테서 은혜를 입게 됨

평소에 생각지도 않았던 사람한테서 은혜를 입게 됨

❹ 눈치가 빠르면 절에 가서도 젓갈을 얻어먹는다.

눈치가 빠르면 어디에서도 군색하지 않게 지낼 수 있다.

눈치가 빠르면 어디가서도 군색하지 않게 지낼 수 있다

❺ 늦게 배운 도둑이 날 새는 줄 모른다.

뒤늦게 시작한 일에 재미를 붙여 더욱 열중하게 됨

뒤늦게 시작한 일에 재미를 붙여 더욱 열중하게 됨

속담 풀이 뜻 내용쓰기(5)

＊필기체로 글자 위에 써 보고 자필로 직접 써서 아래 글씨 따라잡기

필기체로 ㄷ 속담의 뜻 풀이쓰기

❶ 다람쥐 쳇바퀴 돌듯

앞으로 나가지 못하고 제자리걸음만 한다는 말

❷ 단맛 쓴맛 다 보았다.

세상의 온갖 즐거움과 괴로움을 다 겪었다.

❸ 닭 쫓던 개 지붕 쳐다보듯

애써 이르던 일이 실패로 돌아가 어이없게 됨

❹ 덫에 치인 범이요, 그물에 걸린 고기라

헤어날 길이 완전히 막힌 처지를 이르는 말

❺ 도끼가 제 자루 못 찍는다.

제 허물을 제가 알아서 고치기는 어렵다는 말

속담 풀이 뜻 내용쓰기(6)

*필기체로 글자 위에 써 보고 자필로 직접 써서 아래 글씨 따라잡기

필기체로 ㄷ 속담의 뜻 풀이쓰기

❶ 돈만 있으면 귀신도 부린다.

돈으로 못할 일이 없다는 말

돈으로 못할 일이 없다는 말

❷ 돌절구도 밑 빠질 때가 있다.

아무리 튼튼한 것도 오랫동안 사용하면 결딴난다.

아무리 튼튼한 것도 오랫동안 사용하면 결딴난다.

❸ 동네 색시 믿고 장가 못 든다.

남을 막연히 믿다가 낭패한다.

남을 막연히 믿다가 낭패한다.

❹ 떡 본 김에 제사 지낸다.

기회가 좋을 때 벼르던 일을 해치운다.

기회가 좋을때 벼르던 일을 해치운다.

❺ 똥 묻은 개가 겨 묻은 개 나무란다.

제 허물은 더 크면서, 남의 작은 허물을 들어 시비한다.

제 허물은 더 크면서, 남의 작은 허물을 들어 시비한다

속담 풀이 뜻 내용쓰기(7)

*필기체로 글자 위에 써 보고 자필로 직접 써서 아래 글씨 따라잡기

필기체로 ㅁ 속담의 뜻 풀이쓰기

❶ 마른 나무에 좀먹듯

부지중에 건강이 나빠지거나 재산이 없어짐

❷ 마파람에 게 눈 감추듯

음식을 매우 빨리 먹어 치움을 뜻함

❸ 말 많은 집은 장맛도 쓰다.

가정에 말이 많으면 살림이 잘 안 된다는 말

❹ 먹은 소가 똥을 누지

공을 들여야 보람이 나타난다는 말

❺ 모난 돌이 정 맞는다.

성격이나 언행이 까다로운 사람은 남의 공격을 받게 된다.

속담 풀이 뜻 내용쓰기(8)

*필기체로 글자 위에 써 보고 자필로 직접 써서 아래 글씨 따라 잡기

필기체로 ㅁ 속담의 뜻 풀이쓰기

❶ 무는 개는 짖지 않는다.

무서운 사람일수록 말이 없다는 말

무서운 사람일수록 말이 없다는 말

❷ 무당이 제 굿 못하고, 소경이 저 죽는 날 모른다.

자기 일은 자기가 처리하지 못한다는 말

자기 일은 자기가 처리하지 못한다는 말

❸ 무쇠도 갈면 바늘 된다.

꾸준히 힘쓰면 어려운 일도 이룰 수 있다.

꾸준히 힘쓰면 어려운 일도 이룰 수 있다

❹ 물에 빠진 놈 건져 놓으니까, 내 봇짐 내라 한다.

남의 은혜를 갚기는커녕 오히려 배신함

남의 은혜를 갚기는커녕 오히려 배신함

❺ 물이 깊어야 고기가 모인다.

덕망이 있어야 사람이 따른다.

덕망이 있어야 사람이 따른다

속담 풀이 뜻 내용쓰기(9)

*필기체로 글자 위에 써 보고 자필로 직접 써서 아래 글씨 따라잡기

필기체로 ㅂ 속담의 뜻 풀이쓰기

❶ 바늘구멍으로 황소바람 들어온다.

추운 겨울철에 문틈으로 찬바람이 제법 세게 들어온다는 말

추운 겨울철에 문틈으로 찬바람이 제법 세게 들어온다는 말.

❷ 바늘 도둑이 소도둑 된다.

작은 도둑이라도 고치지 않으면 장차 큰 도둑이 된다는 말

작은 도둑이라도 고치지 않으면 장차 큰 도둑이 된다는 말.

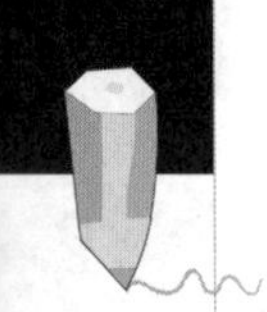

❸ 바늘방석에 앉은 것 같다.

그 자리에 있기가 몹시 거북하고 불안스러운 상태를 이르는 말

그 자리에 있기가 몹시 거북하고 불안스러운 상태를 이르는 말

❹ 바위에 달걀 부딪치기

아무리 해도 승산이 없는 부질없는 짓을 이르는 말

아무리 해도 승산이 없는 부질없는 짓을 이르는 말.

❺ 방귀 뀐 놈이 먼저 성낸다.

제가 잘못하고서 도리어 먼저 성을 냄

제가 잘못하고서 도리어 먼저 성을 냄.

속담 풀이 뜻 내용쓰기(10)

*필기체로 글자 위에 써 보고 자필로 직접 써서 아래 글씨 따라잡기

필기체로 ㅂ 속담의 뜻 풀이쓰기

❶ 벙어리 속은 그 어미도 모른다.

설명을 하지 않고는 그 사정을 정확히 알 수 없다는 말

❷ 보기 좋은 떡이 먹기도 좋다.

겉이 아름다워야 속도 좋다는 말

❸ 부지런한 부자는 하늘도 못 막는다.

부지런하면 반드시 재산을 많이 모은다는 말

❹ 불 없는 화로, 딸 없는 사위

아무 쓸모가 없이 된 것을 이르는 말

❺ 비 온 뒤에 땅이 굳어진다.

풍파를 겪고 나서 일이 더 단단해진다는 말

속담 풀이 뜻 내용쓰기(11)

*필기체로 글자 위에 써 보고 자필로 직접 써서 아래 글씨 따라잡기

필기체로 ㅅ 속담의 뜻 풀이쓰기

❶ 사위는 백년지객

사위는 언제나 소홀히 할 수 없는 영원한 손님이란 뜻

사위는 언제나 소홀히 할 수 없는 영원한 손님이란 뜻

❷ 산이 높아야 골이 깊다.

사람이란 외형부터 커야 그 품은 포부도 크다는 말

사람이란 외형부터 커야 그 품은 포부도 크다는 말.

❸ 새 발의 피

분량이 무시해도 좋을 만큼 매우 적다는 말

분량이 무시해도 좋을 만큼 매우 적다는 말

❹ 서울 가서 김 서방 찾기

무턱대고 막연히 찾아감을 이르는 말

무턱대고 막연히 찾아감을 이르는 말

❺ 소리 없는 벌레가 벽 뚫는다.

말이 없는 사람이 실천력이 있다는 말

말이 없는 사람이 실천력이 있다는 말.

속담 풀이 뜻 내용쓰기(12)

*필기체로 글자 위에 써 보고 자필로 직접 써서 아래 글씨 따라잡기

필기체로 ㅅ 속담의 뜻 풀이쓰기

❶ 솥뚜껑에 엿 놓았나

찾아온 사람이 서둘러 돌아가려고 할 때 이르는 말

찾아온 사람이 서둘러 돌아가려고 할 때 이르는 말

❷ 시루에 물 붓기

아무리 돈을 많이 쓰고 공을 들여도 소용이 없다는 말

아무리 돈을 많이 쓰고 공을 들여도 소용이 없다는 말.

❸ 싸라기 밥을 먹었나

상대방이 함부로 반말 투로 말을 해 올 때 핀잔으로 하는 말

상대방이 함부로 반말 투로 말을 해 올 때 핀잔으로 하는 말.

❹ 쌀독에서 인심 난다.

살림에 여유가 있어야 인정도 베풀 수 있다는 말

살림에 여유가 있어야 인정도 베풀 수 있다는 말

❺ 쓴맛 단맛 다 보았다.

갖은 곡절을 다 겪어서 경험이 많다는 뜻

갖은 곡절을 다 겪어서 경험이 많다는 뜻.

속담 풀이 뜻 내용쓰기(13)

*필기체로 글자 위에 써 보고 자필로 직접 써서 아래 글씨 따라잡기

필기체로 ○ 속담의 뜻 풀이쓰기

❶ 아니 땐 굴뚝에서 연기 날까

원인 없는 결과가 있을 리 없음을 이르는 말

원인 없는 결과가 있을 리 없음을 이르는 말.

❷ 아무리 바빠도 바늘 허리 매어 쓰지 못한다.

아무리 바쁘더라도 갖추어야 할 것은 갖추어야 한다는 말

아무리 바쁘더라도 갖추어야 할 것은 갖추어야 한다는 말.

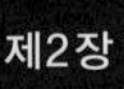

❸ 앉아서 주고 서서 받는다.

빌려주기는 쉽지만 돌려받기는 어렵다는 말

빌려주기는 쉽지만 돌려받기는 어렵다는 말.

❹ 어물전 망신은 꼴뚜기가 시킨다.

못난이 일수록 동료에까지 망신을 시킴

못난이 일수록 동료에까지 망신을 시킴.

❺ 엎어진 김에 쉬어간다.

뜻하지 않던 기회를 이용하여 하려던 일을 이룬다는 뜻

뜻하지 않던 기회를 이용하여 하려던 일을 이룬다는 뜻.

속담 풀이 뜻 내용쓰기(14)

*필기체로 글자 위에 써 보고 자필로 직접 써서 아래 글씨 따라잡기

필기체로 ○ 속담의 뜻 풀이쓰기

❶ 오이는 씨가 있어도 도둑은 씨가 없다.

마음을 잘못 가지면 도둑이 되기 쉽다는 말

마음을 잘못 가지면 도둑이 되기 쉽다는 말

❷ 외삼촌 산소에 벌초하듯 한다.

정성을 들이지 않고 건성으로 대충 일을 함

정성을 들이지 않고 건성으로 대충 일을 함

❸ 우물에 가 숭늉 찾겠다.

성미가 너무 급하여 참고 기다리지 못함을 말함

성미가 너무 급하여 참고 기다리지 못함을 말함

❹ 이 없으면 잇몸으로 살지

꼭 있어야 할 것이 없으면 없는 그대로 견뎌 나갈 수 있다는 말

꼭 있어야 할 것이 없으면 없는 그대로 견뎌 나갈 수 있다는 말

❺ 입은 삐뚤어져도 말은 바로 해라

언제든지 말은 정직하게 해야 한다는 뜻

언제든지 말은 정직하게 해야 한다는 뜻

속담 풀이 뜻 내용쓰기(15)

*필기체로 글자 위에 써 보고 자필로 직접 써서 아래 글씨 따라잡기

필기체로 ㅈ 속담의 뜻 풀이쓰기

❶ 자라목 오므라들듯

남을 대하기 부끄럽거나 멋쩍어서 목을 움츠릴 때 이르는 말

남을 대하기 부끄럽거나 멋쩍어서 목을 움츠릴 때 이르는 말

❷ 적게 먹고 가는 똥 눈다.

분수에 넘치지 않게 생활함이 마땅하다는 말

분수에 넘치지 않게 생활함이 마땅하다는 말.

❸ 장님 손보듯 한다.

아무런 친절미가 없음을 가리키어 이르는 말

아무런 친절미가 없음을 가리키어 이르는 말.

❹ 장대로 하늘 재기

되지도 않을 어리석은 일을 할 때 이르는 말

되지도 않을 어리석은 일을 할 때 이르는 말.

❺ 절간에 간 색시

남이 시키는 대로만 따라하는 사람을 비유하는 말

남이 시키는 대로만 따라하는 사람을 비유하는 말.

속담 풀이 뜻 내용쓰기(16)

*필기체로 글자 위에 써 보고 자필로 직접 써서 아래 글씨 따라잡기

필기체로 ㅈ 속담의 뜻 풀이쓰기

❶ 접시 밥도 담을 탓이다.

머리를 써 솜씨 있게 물건이 많이 보이거나 적게 보이기도 함

머리를 써 솜씨 있게 물건이 많이 보이거나 적게 보이기도 함.

❷ 죄지은 놈 옆에 있다가 벼락 맞는다.

나쁜 사람과 사귀면 자기도 누명을 쓴다.

나쁜 사람과 사귀면 자기도 누명을 쓴다.

❸ 주린 고양이가 쥐를 만났다.

놓칠 수 없는 좋은 기회가 닥쳤다는 말

놓칠 수 없는 좋은 기회가 닥쳤다는 말.

❹ 죽어 석 잔 술이 살아 한 잔 술만 못하다.

죽은 뒤에 아무리 정성을 들여도 살아 있을 때 조금만도 못하다.

죽은 뒤에 아무리 정성을 들여도 살아 있을 때 조금만도 못하다.

❺ 집도 절도 없다.

몸을 붙이거나 기댈 데가 아무 데도 없다는 말

몸을 붙이거나 기댈 데가 아무 데도 없다는 말

속담 풀이 뜻 내용쓰기(17)

*필기체로 글자 위에 써 보고 자필로 직접 써서 아래 글씨 따라잡기

필기체로 ㅊ 속담의 뜻 풀이쓰기

❶ 찬물에 기름 돌 듯

서로 화합하지 않고 따로 노는 사람을 비유하여 이르는 말

❷ '참을 인(忍)' 자 셋이면 살인도 피한다.

아무리 어려운 일이 있어도 꾹 참는 것이 가장 좋다는 뜻

❸ 참새가 죽어도 짹 한다.

아무리 약한 사람이라도 괴롭힘을 당하면 반항한다는 말

❹ 참외를 버리고 호박을 먹는다.

좋은 것을 버리고 나쁜 것을 가진다는 말

❺ 천생 버릇은 임을 봐도 못 고친다.

타고난 버릇은 고치기 어렵다는 말

속담 풀이 뜻 내용쓰기(18)

*필기체로 글자 위에 써 보고 자필로 직접 써서 아래 글씨 따라잡기

필기체로 ㅊ 속담의 뜻 풀이쓰기

❶ 초록(草綠)은 동색(同色)이라

이름은 달라도 성질이나 내용은 같다는 말

이름은 달라도 성질이나 내용은 같다는 말.

❷ 초상집 개 같다.

의지할 때 없이 굶주리며 이리저리 헤매어 다님

의지할 때 없이 굶주리며 이리저리 헤매어 다님

❸ 축은 축대로 붙는다.

학식이나 인격이 비슷한 사람끼리 모인다는 말

학식이나 인격이 비슷한 사람끼리 모인다는 말.

❹ 친구는 옛 친구가 좋고, 옷은 새 옷이 좋다.

새 물건이 좋고 친구는 오래 사귄 친구일수록 정의가 두텁다.

새 물건이 좋고 친구는 오래 사귄 친구일수록 정의가 두텁다

❺ 침 먹은 지네

할 말을 못하는 사람을 비유한 말

할 말을 못하는 사람을 비유한 말

속담 풀이 뜻 내용쓰기(19)

*필기체로 글자 위에 써 보고 자필로 직접 써서 아래 글씨 따라잡기

필기체로 ㅋ 속담의 뜻 풀이쓰기

❶ 칼도 날이 서야 한다.

자기 구실을 제대로 하려면 그만한 능력이 있어야 한다.

자기 구실을 제대로 하려면 그만한 능력이 있어야 한다.

❷ 코에서 단내난다.

일에 시달려 몸과 마음이 고달픔을 이르는 말

일에 시달려 몸과 마음이 고달픔을 이르는 말.

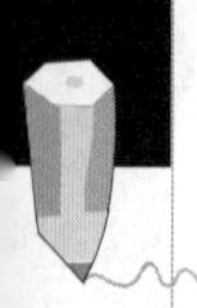

❸ 콩밭에 가서 두부 찾는다.

매우 지나치게 성급하게 행동함을 이르는 말

매우 지나치게 성급하게 행동함을 이르는 말.

❹ 콩 심은 데 콩 나고, 팥 심은 데 팥 난다.

모든 일은 원인에 따라 결과가 생긴다는 말

모든 일은 원인에 따라 결과가 생긴다는 말

❺ 큰 고기는 깊은 물에 있다.

훌륭한 인물은 잘 드러나지 않는다는 말

훌륭한 인물은 잘 드러나지 않는다는 말.

속담 풀이 뜻 내용쓰기(20)

*필기체로 글자 위에 써 보고 자필로 직접 써서 아래 글씨 따라잡기

필기체로 ㅍ 속담의 뜻 풀이쓰기

1 파장에 엿장수

때를 놓치고 볼꼴 사납게 된 사람의 경우를 이르는 말

때를 놓치고 볼꼴 사납게 된 사람의 경우를 이르는 말

2 팥으로 메주를 쑨대도 곧이듣는다.

지나치게 남의 말을 잘 믿음을 이르는 말

지나치게 남의 말을 잘 믿음을 이르는 말

3 풀 방구리에 쥐 드나들듯 한다.

자주 들락날락함을 비유하여 이르는 말

자주 들락날락함을 비유하여 이르는 말

4 풀 끝에 앉은 새

안심이 안 되고 불안한 처지에 있음을 비유하여 이르는 말

안심이 안 되고 불안한 처지에 있음을 비유하여 이르는 말

5 핑계 없는 무덤이 없다.

무슨 일이든 핑곗거리를 찾으면 다 있다는 말

무슨 일이든 핑곗거리를 찾으면 다 있다는 말

속담 풀이 뜻 내용쓰기(21)

*필기체로 글자 위에 써 보고 자필로 직접 써서 아래 글씨 따라잡기

필기체로 ㅎ 속담의 뜻 풀이쓰기

❶ 하나를 보면 열을 안다.

한 부분만 보아도 전체를 미루어 헤아릴 수 있음을 뜻함

한 부분만 보아도 전체를 미루어 헤아릴 수 있음을 뜻함

❷ 하나만 알고 둘은 모른다.

사물을 두루 보지 못하고 융통성 없이 어느 한 면만 봄을 뜻함

사물을 두루 보지 못하고 융통성 없이 어느 한 면만 봄을 뜻함

❸ 하늘이 무너져도 솟아날 구멍이 있다.

아무리 어려운 일이 생기더라도 해결할 방법은 있다.

아무리 어려운 일이 생기더라도 해결할 방법은 있다

❹ 하룻강아지 범 무서운 줄 모른다.

멋모르고 겁 없이 덤빔을 비유하여 이르는 말

멋모르고 겁 없이 덤빔을 비유하여 이르는 말.

❺ 한강에 돌 던지기

아무리 애를 쓰거나 투자를 해도 효과가 없음을 이르는 말

아무리 애를 쓰거나 투자를 해도 효과가 없음을 이르는 말

속담 풀이 뜻 내용쓰기(22)

*필기체로 글자 위에 써 보고 자필로 직접 써서 아래 글씨 따라잡기

필기체로 ㅎ 속담의 뜻 풀이쓰기

❶ 행차 뒤에 나팔

일이 끝난 다음에는 소용이 없는 짓을 함을 이르는 말

일이 끝난 다음에는 소용이 없는 짓을 함을 이르는 말

❷ 호떡집에 불난 것 같다.

질서없이 마구 떠들어 대는 모양을 이르는 말

질서없이 마구 떠들어 대는 모양을 이르는 말.

❸ 호박에 말뚝 박기

심술궂고 못된 짓을 함을 이르는 말

심술궂고 못된 짓을 함을 이르는 말

❹ 호박씨 까서 한입에 털어 넣는다.

애써 모은 것을 한꺼번에 털어 없앤다는 뜻

애써 모은 것을 한꺼번에 털어 없앤다는 뜻.

❺ 흥정은 붙이고 싸움은 말리랬다.

나쁜 일은 말리고 좋은 일은 권해야 한다는 말

나쁜 일은 말리고 좋은 일은 권해야 한다는 말.

[쓰기 스피드 훈련] ➔ 연필로 쓴 아래 내용을 글자 위로 겹쳐서 1초에 한 자씩 써 보세요.

한글은 자음과 모음을 조합하여 만들어진 과학적인 글자이며
누구나 쉽게 쓰고 배울 수 있어서 편리한 문자이기도 하다.
우리 한글이 세계 언어 학자들 사이에서 찬사의 대상이 되는
이유는 음성학적인 변별요소들을 가장 합리적으로 문자의
형태에 반영하고 있기 때문이다
문자의 구성요소 역시 체계적으로 이루어져 있으며
다양하게 글자의 특성을 지니고 있다.
우리 민족의 우수한 한글을 요즘 잘 못 쓰는 사람들이
너무나 많아져 있다는 것이 매우 안타까울 따름이다.
그 이유는 컴퓨터의 발달로 손으로 글을 쓰는 것이
아니라 자판기를 두드리는 일이 많아졌기 때문이다.
우리의 한글을 아름다운 글씨로 쓰는 것이 우리 민족의
자랑이기도 하다.
처음에는 선 하나도 똑바로 못 긋던 내가 기본
가로선 긋기와 세로선 긋기를 통하여 꾸준히 연습한
결과 글쓰기에 자신감이 생겼다

[쓰기 스피드 훈련] ➔ 연필로 쓴 아래 내용을 글자 위로 겹쳐서 1초에 한 자씩 써 보세요.

이제 우리는 악필의 글씨체를 버리고 내가 연필로
직접 쓰는 자연체가 되어 나만의 고유 필체를
만들어 가겠다.
지금까지 열심히 연습하다 보니 악필인 내 글씨가
점점 명필로 바뀌게 되어가는 것을 몸소 느낀다
시작보다 더욱 열심히 노력하여 최고의 명필로
거듭나겠다고 다짐하면서 나에게는 이 악필 교본이
내 인생에 소중한 책으로 기억될 것입니다.
과거의 악필 저는 글씨 교정을 통하여 이미 버렸고
열심히 갈고 닦은 실력으로 아름다운 글씨로 쓰는 중입니다.
이렇게 예쁘고 멋있게 글씨를 잘 쓸 수 있도록 악필
교본을 만들어 주신 분께 깊은 감사를 드립니다.

저자 필체 따라잡기

다음 내용을 한 줄씩 연필이나 쓰고 싶은 펜을 쥐고 필기체로 아래 칸에 직접 따라 써 보세요.

한글은 자음과 모음을 조합하여 만들어진 과학적인 글자이며

누구나 쉽게 쓰고 배울 수 있어서 편리한 문자이기도 하다

우리의 한글이 세계 언어학자들 사이에서 찬탄의 대상이 되는

이유는 음성학적인 변별요소들을 가장 함축적으로

문자의 형태에 반영하고 있기 때문이다.

문자의 구성요소 역시 체계적으로 이루어져 있으며

다양하게 글자의 특성을 지니고 있다.

우리 민족의 우수한 한글을 요즘 잘 못 쓰는

사람들이 너무나 많아져 있다는 것이 매우 안타까울

따름이다.

다음 내용을 한 줄씩 연필이나 쓰고 싶은 펜을 쥐고 필기체로 아래 칸에 직접 따라 써 보세요.

그 이유는 컴퓨터의 발달로 손으로 글을 쓰는 것이

아니라 자판기를 두드리는 일이 많아졌기 때문이다.

우리의 한글을 아름다운 글씨로 쓰는 것이 우리 민족의

자랑이기도 하다.

처음에는 선 하나도 똑바로 못 긋던 내가 기초

가로선 긋기와 세로선 긋기를 통하여 꾸준히 연습한

결과 글쓰기에 자신감이 생겼다.

이제 우리는 악필의 글씨체를 버리고 내가 연필로

직접 쓰는 자연체가 되어 나만의 고유 필체를

만들어야겠다.

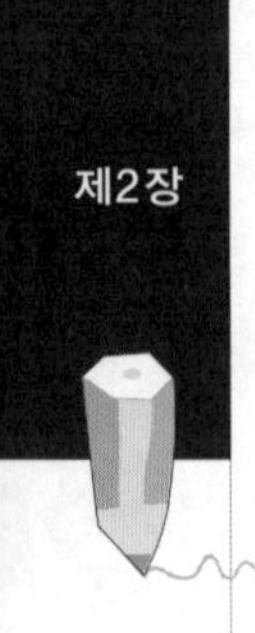

다음 내용을 한 줄씩 연필이나 쓰고 싶은 펜을 쥐고 필기체로 아래 칸에 직접 따라 써 보세요.

지금까지 열심히 연습하다 보니 악필인 내 글씨가

명필로 거듭나겠다는 마음으로 굳게 다짐하면서

나에게는 이 악필 교본이 내 인생에 소중한

책으로 기억될 것입니다.

과거의 악필 주인은 글씨 교정을 통하여 이미

버렸고 열심히 갈고 닦은 실력으로 아름다운

글씨로 쓰는 중입니다.

이렇게 예쁘고 멋있게 한글을 잘 쓸 수 있도록

악필 교본을 만들어 주신 분께 깊은 감사를

드립니다.

신문지를 이용한 글자 쓰기 연습법

1. 신문지는 일반용지보다 재질이 떨어지지만 우리생활에 재활용지로도 용도가 다양합니다.
   특히 잘 미끄러지지 않은 재질이므로 신문지의 작은 활자를 이용하여 누구나 쉽게 글씨 연습을 할 수 있습니다.
2. 날짜가 지난 신문지를 이용하여 글씨 쓰는 연습을 합니다.
3. 신문 활자를 기준으로 필기체 또는 정자체를 연습합니다.
4. 글씨 연습 방법은 신문 기사의 첫 글자의 줄을 남겨두고 두 번째 줄과 셋째 줄을 한 칸으로 정하여 첫 줄의 내용을 그대로 따라서 아래 칸에서 글자를 쓰기 시작합니다.
5. 두 줄의 글자 사이의 공백은 글자 쓰기의 한 칸에 중심선으로 보고 글자를 쓰면 됩니다.
6. 줄을 바꿀 때에는 글자를 쓴 아래쪽의 작은 글자의 한 줄을 띄고 나서 다음 아래의 두 줄을 중심으로 하여 글자 쓰기연습을 합니다.
7. 글자를 쓸 때에는 간격을 띈 줄의 글자 내용을 보면서 아래 두 줄의 글씨 중심선을 따라 글자를 쓰면 쉽고 바르게 효과적으로 필기체 연습을 할 수 있습니다.

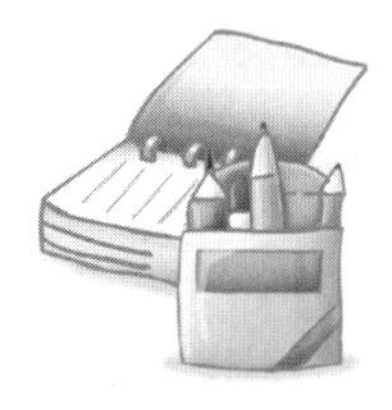

＊신문지 위에 글씨연습은 글자크기를 일정하게 맞추고 수평을 유지하여 정확하고 빠르게 써 가는 훈련이 필요합니다.

"업계 1위라는 점과 건설회사 같지 않은 깨끗한 이미지를 좋아하는 것 같아요. 철저하게 실적과 능력으로 평가하는 기업 분위기도 맘에 들어 합니다."

2년 전 삼성물산 건설부문에 입사한 장현석(28)씨. 그는 후배 취업 지망생들에게 비친 삼성물산 건설부문의 이미지를 이렇게 말했다. 이 회사는 업종별 취업 선호도 조사에서 항상 1~2위를 다툰다.

삼성물산 건설부문은 인력과 재무구조, 기술력을 모두 감안하면 국내 업계 1위라는 평가를 받는다. 지난 1977년 매출 166억원의 중소 기업으로 출발했지만, 지난해 매출만 5조2000억원을 기록했다. 30년 만에 300배 가까이 성장한 셈이다. 건설회사의 종합순위라고 할 수 있는 시공능력평가액 순위에서도 지난 2004~2005년 2년 연속 1위를 기록했다. 정원조 전략홍보팀 상무는 "앞선 기술과 사람을 중시하는 특유의 경영 원칙이 성장의 밑거름이 됐다"고 말한다.

된다. 조근호 홍보팀 과장은 "다른 업종보다 현장이 많고, 사업 수주(受注)가 경영의 핵심이란 점에서 개인 능력도 필요하지만, 팀이 뭉쳐서 힘을 발휘해야 할 때가 많아 대인관계가 좋아야 한다"고 말했다. 외국어 회화 실력도 중요하다. 이상대 사장은 틈이 날 때마다 "글로벌 톱 10 건설사로 가려면 외국어 실력은 기본"이라고 강조한다.

기술 능력은 입사 후 승진이나 급여에 큰 영향을 준다. 전문자격증이 있거나 입사 후 취득하면 수당을 더 받는다. 예컨대, 기술사는 월 20만~30만원의 특별 수당이 주어진다. 특히 건설업 특성상 안전관리가 중요해 안전관련 자격증이 있는 경우 수당을 더 주고 있다. 눈길을 끄는 제도는 마스터(master·명장)와 엑스퍼트(expert·달인). 한 분야에서 20년 이상 특출한 성과를 올린 기술자는 마스터, 15년 이상이면 엑스퍼트로 선정될 수 있다. 이들에겐 전문가로서의 명예가 주어지고, 자격 수당과 해외 연수 등 특전도 준다. 올해 마스터에 선정된 조천환 품질경영본부 부장은

서강대 경영학술 동아리 '렌즈(LENS)'는 신입 회원들이 들어오면 파워포인트 파일로 정리된 '이력서 작성법 및 인터뷰 기술'을 준다. 문서엔 졸업한 선배들이 취업 과정에서 겪은 경험담을 중심으로 어떻게 하면 이력서를 효과적으로 작성하고, 면접 때는 어떻게 해야 면접관에게 깊은 인상을 남길 수 있는지 일목요연하게 정리돼 있다. 선배들의 경험이 녹아 있기 때문에 단순한 가이드라인을 넘어서, 구체적인 행동요령이 기술돼 있다. 일종의 취업 관련 '족보'인 셈이다.

예를 들어 외국계 기업에 취업하려고 할 경우 필요한 서류의 종류(커버레터, 이력서, 에세이, 필로우 업 레터 등)는 무엇인지부터, 이력서를 작성할 때는 '무조건 한 페이지로 작성하라', '거짓말을 하지 말고 미화는 하라' 는 등의 지침이 적혀 있다. 또 '면접을 끝낼 때는 면접관에게 질문을 던지되, 면접관이

동아리 인터넷 게시판도 실시간 정보가 모여드는 보고(寶庫)다. 단순히 인터넷에 떠도는 취업 정보를 모아놓은 것이 아니다. 이들 게시판에서만 볼 수 있는 각종 입사시험이나 인턴십 정보, 공모전 공고계획 정보도 적지 않게 오른다. 특히 대규모 공채 대신 수시 모집을 하는 외국계 투자회사나 컨설팅 회사 등의 채용, 인턴 모집 공고 등은 이들 명품 동아리에만 알음알음 전해지는 경우도 많다. 이 때문에 이들 동아리 게시판엔 재학생은 물론 재취업이나 이직을 준비 중인 졸업생 회원들의 방문도 끊이지 않는다.

고려대 경영컨설팅 동아리 'MCG' 회원인 이환석(27·경영학과)씨는 "컨설팅 회사나 외국계 투자은행의 리서치 어시스턴트(RA·애널리스트의 전 단계로, 투자와 관련된 자료를 수집하고, 분석을 돕는 일을 함) 채용은 비공개로 이뤄질 때도 많다"며 "이 때문에 졸업생 선배들이 자신이 속했던 동아리에만 채용

서둘러 달라는 당부도 있었다 [illegible] 이지에 게재되기 전에 미리 [illegible] 이처럼 일부 기업들은 인턴 [illegible] 할 때 일부 '명품 동아리' 에 [illegible] 일부 기업들은 특정 동아리 [illegible] 공모전 설명회를 갖기도 한다 [illegible] 체인 L사의 경우 올해 자사의 [illegible] 명 동아리만 초청해 설명회 [illegible] 김현민(26·연세대 경영학과 [illegible] 회사에 동아리 선배가 있을 [illegible] 이나 공모전 등에 대한 연락 [illegible]

(30%) 대신 2~3차 시험에서 교사로서의 실질적인 자질에 더 중점을 두어 평가하겠다는 취지다. 이론에 밝은 사람보다 현장과 실전에 밝은 사람을 교사로 뽑겠다는 뜻이다.

또 대학 졸업성적이 평균 75점 미만이면 교사자격증을 받지 못한다. 이는 2009학년도 사범대나 교대 입학생부터 해당되며, 유치원과 특수학교 교사도 적용된다. 지금까지는 교대나 사범대 졸업생들은 성적에 관계없이 학점만 따면 교사자격증을 받았다. 해당 전공 이수학점도 42학점에서 50학점으로, 교직과목 학점도 20학점에서 22학점으로 늘어난다.

'교직과정' 이수를 통해 교사가 되는 길은 더 좁아진다. 교직과정은 사범대 학생이 아닌 일반대학의 학생 가운데 일정한 교직 과목을 이수해서 교사 자격증을 받을 수 있도록 한 제도. 내년 대학 입학

범대 학과를 부전공으로 이수해 교사 자격증을 취득하는 것은 아예 폐지되고, 사범대 학과를 복수전공으로 이수할 경우에만 교사자격 취득 기회를 준다.

영어 말하기·쓰기 잘해야 영어교사 된다

2008년 연말에 실시되는 임용고사부터 영어 과목에서는 영어로 10분간 진행하는 영어수업 실기 외에, 영어논술과 듣기평가도 추가된다. 모든 수업 진행을 영어로 할 수 있는 우수한 영어교사를 선발하기 위해서다.

영어교사를 지원하는 사람들은 지역 선택도 큰 변수로 작용한다. 올해 초 서울 지역 중등교사 임용시험 영어과목에 응시했다 2차 전형에서 낙방한 A(여·26)씨는 연말에 있을 임용고사에는 경기도 지역으로 응시하기로 계획을 바꿨다. A씨는 "지난해 영어교사 정

"내년부터는 2차에서 영어 [illegible] 과 듣기평가가 추가되는데 [illegible] 올해 반드시 합격해 내년 [illegible] 했다.

한국교육과정평가원에 [illegible] 중등교사임용시험사업단 [illegible] 사는 올해 중등 임용고사 [illegible] 부 16도교육청에서 영어 [illegible] 신 '서울·인천 유형' 으로 [illegible] 예년과 크게 다르지 않다 [illegible]

1차 영어 전공시험은 지 [illegible] ·인천 교육청 지역에서 치 [illegible] 시도교육청 지역에서 치르 [illegible] 다. 일단 경기도교육청이 [illegible] 의 영어 전공 시험으로 비 [illegible]

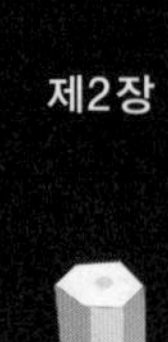

Foreign Copyright:
Joonwon Lee
Address: 3F, 127, Yanghwa-ro, Mapo-gu, Seoul, Republic of Korea
3rd Floor
Telephone: 82-2-3142-4151, 82-10-4624-6629
E-mail: jwlee@cyber.co.kr

1주일 만에 악필을 명필로

연필로 쓰는 한글 악필교정 기억법

2007. 10. 15. 초 판 1쇄 발행
2013. 8. 8. 개정증보 1판 11쇄 발행
2020. 2. 24. 개정증보 1판 18쇄 발행
2022. 5. 4. 개정증보 1판 19쇄 발행

저자와의 협의하에 검인생략

지은이 | 손동조
펴낸이 | 이종춘
펴낸곳 | BM (주)도서출판 성안당
주소 | 04032 서울시 마포구 양화로 127 첨단빌딩 3층(출판기획 R&D 센터)
10881 경기도 파주시 문발로 112 파주 출판 문화도시(제작 및 물류)
전화 | 02) 3142-0036
031) 950-6300
팩스 | 031) 955-0510
등록 | 1973. 2. 1. 제406-2005-000046호
출판사 홈페이지 | **www.cyber.co.kr**
ISBN | 978-89-315-8920-7 (13640)
정가 | 13,800원

이 책을 만든 사람들
기획 | 최옥현
진행 | 정지현
본문 디자인 | 김인환
표지 디자인 | 박원석
홍보 | 김계향, 이보람, 유미나, 서세원, 이준영
국제부 | 이선민, 조혜란, 권수경
마케팅 | 구본철, 차정욱, 오영일, 나진호, 이동후, 강호묵
마케팅 지원 | 장상범, 박지연
제작 | 김유석

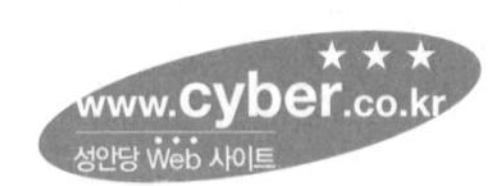

■ **도서 A/S 안내**

성안당에서 발행하는 모든 도서는 저자와 출판사, 그리고 독자가 함께 만들어 나갑니다.
좋은 책을 펴내기 위해 많은 노력을 기울이고 있습니다. 혹시라도 내용상의 오류나 오탈자 등이 발견되면 "좋은 책은 나라의 보배"로서 우리 모두가 함께 만들어 간다는 마음으로 연락주시기 바랍니다. 수정 보완하여 더 나은 책이 되도록 최선을 다하겠습니다.
성안당은 늘 독자 여러분들의 소중한 의견을 기다리고 있습니다. 좋은 의견을 보내주시는 분께는 성안당 쇼핑몰의 포인트(3,000포인트)를 적립해 드립니다.
잘못 만들어진 책이나 부록 등이 파손된 경우에는 교환해 드립니다.